7605

LE SIREINE

DE MESSIRE HONORÉ

D'URFÉ, GENTIL-HOMME DE
la Chambre du Roy, Capitaine de
cinquante hommes d'armes de ses
Ordonnances, Comté de Chasteau-
neuf, Baron de Chasteau-Morand,
&c.

A PARIS,

Chez JEAN MICARD, tenant sa
boutique au Palais, en la Gallerie
allant à la Chancellerie.

1606.

LE LIBRAIRE.

AV LECTEVR.

E te fay voir, amy lecteur, le Sireine de Móſieur d'Vrfé en meilleur eſtat, qu'il n'eſtoit pas ces années paſſées; que ie l'imprimay ſur vne tres-mauuaiſe coppie, changée, & deffaillante preſque en toutes les parties principales de l'œuure, parce que celuy qui me la donna ne prit pas garde que depuis l'autheur

á ij

l'auoit plufieurs fois retouchée,
& que celuy qui la luy auoit
donnée l'auoit efcrite à la ha-
fte, comme la prenant à la def-
robée & à l'infçeu de l'autheur. Dequoy i'ay bien voulu t'aduertir, & enfemble te
dire que la France doit beaucoup efperer de ce bel efprit,
puis que cet effay qu'il fit en
fon enfance , & à peine forty
de fes premiers eftudes, eft tel
qu'en ce fubject tu iugeras
qu'il ne doit ceder aux meil-
leurs efcrits de noftre fiecle:
Car des deux parties de l'a-
mour, plaifir, & ennuy, n'ayant
prifé que la derniere pour fon

subject , il l'a traictée si heu-
reusement que par force il
faut admirer le iugemét qu'en
vn tel aage il a monstré , soit
pour l'eslection soit pour la
liayson de la fable, qui est tellement appropriée à ce que
nous en auons dés-ja veu,
qu'il n'y a personne qui ne la
prenne pour estre d'vne mesme piece. Et parce que ceste œuure ainsi deschirée , &
desbiffée, faisoit mal au cœur
à plusieurs qui l'auoient veuë
en meilleur estat, & que tous
les iours i'en auois du reproche, i'ay esté curieux d'en re-
couurer vne bonne coppie, à

á iij

fin de te la faire voir telle qu'elle doit eſtre, reçoy dóc en bonne part le ſoing que i'en ay eu,
&iouys heureuſement & longuement de mon labeur: Et à
Dieu.

MADAME,
Mon Sireine vous
va trouuer, & ma
dict que trois oc-
casions l'ont poussé à ce voyage. L'vne pour vous rendre le
deuoir à quoy vous est obligé
tout ce qui procede de moy,
l'autre pour voir en vous s'il est
possible que quelque chose
soit plus parfaicte que sa Diane. Et en fin pour vous repre-
senter, que puis que vous la sur-
passez, & en bonté & en vertu,
vous la deuez aussi surmonter,

& en amitié & en resolution.
Et moy ie l'accompagne de ce
mot, pour vous dire que vous
n'espereriez en moy, ny la patience, ny la constance de Sireine : car à vn tel accident que
le sien ie n'ay point d'autres
armes que la mort. Doncques
si vous voulez ma vie n'imitez
ceste Diane en la conclusion
des seruices de,

Vostre tres-humble, & tres-
fidelle seruiteur, HONO-
RE´ D'VRFE´.

LE DESPART DE Sireine.

LIVRE PREMIER.

IE chante vn despart amoureux,
Ie chante vn exil rigoureux,
Et vn retour plein de martyre:
Amour qui seul en fus l'autheur
Laisse pour quelque temps mon cœur,
Et viens sur ma langue les dire.

Vous de qui le bel œüil vaincœur
Me fist jadis dedans le cœur,
Des blessures tant incurrables:
Voyez Sireine, & sa pitié
Fasse qu'en vous mon amitié
Ne se pleigne de coups semblables.

A.

Pres d'vn riuige verdoyant
En courbés replis ondoyant,
Sous l'ombre d'vn penchant boccage
Efmaillé d'vn prin=temps de fleurs,
Où qui euft èu moins de douleurs,
Euft peu fe plaire au fraïs ombrage.

Sireine amoureux paftoureau
Conduifant fon camus trouppeau,
Vint pour fuyr le chaut extréme,
Tellement troublé de l'ennuy
Qu'il fembloit de viure en autruy,
Tant il eftoit mort en foy-mefme.

Ce ruiffeau fourdoit d'vn rocher,
Que deuot, n'euft ofé toucher
De main, ny de langue alterée,
Ny le Berger ny fon trouppeau,
Parce qu'ils croyoient que cefte eau
Fut à Diane confacrée.

Son onde alloit à petits bonds
Flottant par les menus fablonds
Qu'elle emportoit hors de la fource,
Et qui autour d'elle accueillis
Faifoient vn fi doux gazoüillis,
Qu'ils fembloient animer fa courfe.

Le bort qui de tuf s'esleuoit
L'eau dans son gyron reçeuoit,
Dont la vapeur rendüe espesse
Verdissoit d'vn lymon baueux
Au pointes du rocher plus creux,
Qui sembloient pleurer de vieillesse.

La mousse en baut comme les crins
De ce rocher à menus brins
En riche toison s'amoucelle,
Et plus le chaut la veut seicher,
Et plus son humide rocher
Incessamment la renouuelle.

Ceste mousse tout à l'entour
Alloit faisant le mesme tour
Que le tuf, & sembloit si belle,
Qu'on eust dict que nature esleust
Ce lieu pour faire qu'on s'y pleust,
Et que l'on l'admirast en elle.

Ses borts en sieges rehaussez
S'ouuroient en des lieux creuassez,
Cauez comme par artifice,
Sieges, où les Nymphes le soir
Ce dict=on, se venoient asseoir,
Lassées de trop d'exercice.

A ij

Vn peu plus en la reculez
Les Alisiers escheuelez
Faisoient à l'entour mainte allée
Rouges des bouquets de leur fruicts,
Et d'eux la fontaine despuis
Des Alisiers fut appellée.

En ce lieu Sireine Berger,
Pour mieux à son ennemy songer,
Mena sa trouppe toisonnée,
Encor que le soleil panchant
Fut plus prés dés=ja du couchant,
Que d'où commance sa iournée.

Il portoit à rebras fort long
Vn chappeau de moüelle de iong,
De peau de Cheureüil noire, & blanche,
Son paletot se herissoit,
Qu'vne boucle d'ayrain pressoit,
Des deux costez dessus la hanche.

Sa houlette dedans la main
A gros nœuds recouuers d'ayrain,
Du tyge d'vn fresne esbranchée,
De fer blanc son bout fut cerné
Et le bas de cuyure morné,
Pour n'estre aux rochers esbreichée.

Au deſſus de ſon hoqueton
Groſſiſſoit d'vn bel auorton
De biche ſa grand panetiere,
Au baudrier de chéure pendant
Si bas, qu'elle alloit deſcendant
Iuſqu'au prés de la iartiere.

Sa muſette le plus ſouuent
Pour ſon deüil lors vuide de vent,
Eſtoit preſque ſeiche de pouldre,
Son ventre eſtoit faict de la peau
D'vn cerf, de prunier ſon pippeau,
Et les anches eſtoient de coudre.

Ce Berger adoroit mourant,
Ce Berger mouroit adorant,
Des beautez la beauté plus belle,
Vne Diane eſtoit ſon cœur,
D'vne Diane il euſt tant d'heur
Que l'aymant il fut aymé d'elle.

Naiſſant ceſte fille auoit eu
Tant de beauté, tant de vertu,
Et depuis deuint ſi parfaicte
Que ſon nom n'euſt iamais eſté
Diſcrette à faute de beauté,
Ny belle pour n'eſtre diſcrette.

A iij

Si d'elle il estoit le soucy,
Elle de luy l'estoit aussi,
Si elle n'aymoit que Sireine,
Sireine moins ne l'adoroit,
Ainsi esgalement serroit
Ces deux cœurs vne mesme chaine.

Long-temps ainsi voulut Amour,
Ils iouyrent d'vn doux seiour
Et des faueurs de la fortune,
Mais elle monstrant ce qu'elle est,
Et qu'au seul change elle se plaist,
Leur fust comme aux autres commune.

A leurs despens, il sceurent lors
Qu'elle fait tousiours ses efforts,
A l'endroit qu'elle est la plus crainte,
Puis que l'absence au long seiour
Deuoit venir ce mesme iour,
Sans qu'elle s'esmeut à leur plainte.

Ceste absence au premier abort
Vint auec visage de mort,
La peur, le soupçon, les allarmes,
Alloient autour d'elle volants,
Et à ses pieds flottoient roulants
Cent torrents d'amoureuses larmes.

Quels deuindrent ces deux amants,
Quels furent leurs moindres tourmants,
Le die Amour, nul que luy=mesme
Ne sçauroit dire vn dueil si grand
Parce que nul ne le comprend,
Que le cœur bien aymé qui ayme.

Voyez Amour & son humeur,
Ce berger vit de son bon=heur
Naistre à lors sa plus grande peine :
Car s'il eust esté mal traicté
Il eust beaucoup moins regretté
De son bien la perte prochaine.

Mais n'ayant point accoustumé,
Ou bien n'ayant pas estimé,
Qu'vn tel mal d'aymer prist naissance
Auec beaucoup plus de douleur,
Il ressentoit l'aspre mal'heur
Qu'il préuoyoit de son absence.

Aussi les yeux de pleurs couuerts
Sur=chargé de pensers diuers,
Ie croy, disoit=il en soy=mesme,
Que le bien qu'amour m'a donné
Me fut seulement destiné
Pour rendre ce mal plus extréme.

A iiij

Alors le soleil qui baissoit
Le Berger guiere n'offençoit,
Mais d'Amour la chaleur plus forte
Viuante au milieu de son cœur,
Par vn beau soleil son vaincœur,
Le brusloit bien d'vne autre sorte.

D'abord s'appuyant d'vne main
Il se coule sur le terrain,
Met sa houlette contre vn arbre,
Puis les pieds croisant & les bras,
Se laisse du tout choir en bas,
Aussi froid deuenu que marbre.

A la fin les sens destenus
Impuissants du deüil, reuenus
Il hausse ses yeux plains de larmes
Contre le ciel, & les haussant,
Disoit donne amour tout puissant,
Moindres coups, ou plus fortes armes.

Apres d'vn esprit plus rassis
Contre l'arbre il s'appuye assis,
Et iettant l'œil sur la fontaine,
Helas ? mes yeux, ce disoit-il,
Vous deuiendrez en cest exil
Vne source encore plus pleine.

La paßion le pourſuiuoit,
La ſolitude l'eſmouuoit,
Et l'onde qu'il eſcoutoit bruire,
En luy deſrobbant tout repos
Luy faiſoient naiſtre tels propos,
Propos dont ſon mal il ſouſpire.

　　Ceux qui ne ſçauent point aymer
Ont accouſtumé de nommer
L'effeᶜt du deſpart, vne abſence,
Mais moy qui ſuis maiſtre en cela
Ie mets le deſpart au de=là,
De tout ce qui plus nous offence.

　　C'eſt vn Tyran qui ioinᶜt les corps
Des viuants auecque les morts,
Pour rendre vne mort languiſſante:
Car mon cœur eſt mort ſe trouuant
Loing d'elle, & mon deſir viuant,
Eſt plus vif, plus ie m'en abſente.

　　Auſſi naiſt=il quand nous mourſons
Et meurt lors que nous recouurons,
Heureux, vne vie nouuelle,
N'eſt=ce mourrir que ſ'en aller
Et viure que de reuoller,
Encore vn coup prés de ſa belle?

　　　　　　A v

Comment puis-ie sans m'offencer
Souffrir seulement de penser
Qu'vn despart doiue me distraire
Des raiz de cet œil flambloyant?
Si ie ne vis qu'en le voyant,
Ne le voyant que puis-ie faire?

Ce mal'heur souffrir ne ce peut,
De le fuyr, Amour ne veut
Encor que ie m'esloigne d'elle,
Le cerf attaint fuit escarté,
Mais où qu'il aille, à son costé
Pend tousiours la flesche mortelle.

Mais sans mourir au mesme lieu
Pourray-ie bien luy dire à Dieu,
Et ouyr son à-Dieu encore?
Si i'ay cet impuissant pouuoir,
Ie ne meritois point de voir
Ny d'adorer ce que i'adore.

Ie mourray donc en l'esloignant,
Mais si elle me va plaignant
Mort en moy, ie viuray en elle:
En elle mon cœur ie remets
Si ie l'en retire iamais
Puisse ma peine estre eternelle.

Ainsi le desolé Berger,
Pensant son ennuy soulager
Alloit plaignant ce qui le blesse,
Et l'accent qu'il en souspiroit,
Le plus souuent se retiroit
En son cœur pressé de tristesse.

Et d'autrefois en redoutant
Ce prochain despart qu'il attend,
Tant de mots rompus il souspire,
Qu'à lors entierement confus
Des paroles ce n'estoient plus,
Mais des tesmoings de son martyre.

Parmy tant de pleurs & sanglots
Fiers ennemis de son repos
Sa voix à peine estant ouye.
En des regrets plus ne sonnoit
Et où le pleur la retenoit,
Où les sanglots trompoient l'ouye.

Ainsi le pleur ne luy laissoit
Ny dire bien ce qu'il disoit,
Ny ce qu'il taisoit le bien taire,
Mais en tels mots interrompus
Ne disant rien, il disoit plus
Que s'il eust mieux dict sa misere.

Le despart

Ses moutons prés de leur Berger
Sembloient de pitié se ranger,
Ressentant le mal de leur maistre,
Et tenant les yeux dessus luy
Comme s'ils plaignoient son ennuy,
Auoient oublié de repaistre.

    Et son fidelle chien aussi
Qui souloit auoir le soucy,
Que le loup affamé n'outrage
Son trouppeau pendant qu'assez loing,
Le Berger racontoit son soing
Aux Nymphes du prochain boccage.

    A ce coup, à ses pieds couché
Sembloit qu'on l'y eust attaché
Sans auoir soucy de sa garde
Le nez sur les pieds de deuant,
L'œil ouuert l'aureille esleuant,
Attentif son maistre regarde.

    En ce poinct l'amant soucyeux
De fortune tournant les yeux,
Dessus ses douces brebiettes,
Mes trouppeaux, dict=il, bien aymez
A ma voix tant accoustumez,
Helas? quelle perte vous faittes.

Qui vous conduira le matin
Curieux au Trefle & au Thim,
Et qui pour la chaleur soufferte,
Cherchera les ruisseaux plus fraiz,
Qui vous ramerra par apres,
Le soir en vos loges sans perte?

Et toy mon cher Melampe aussi
Quand ie ne seray plus icy,
Qui sera soigneux de ton estre,
Et qui te donnera du pain
Regretteras-tu point la main,
Mon cher Melampe, de ton maistre?

Ce pendant qu'il plaignoit ainsi
Il vit Diane & vit aussi,
En elle sa peine cruelle:
Car en tel estat le Berger
Mal=aysément l'eust peu iuger,
Ou pour plus triste, ou pour plus belle.

Autour d'elle amour voletoit
Parmy l'air qu'elle s'englottoit,
Et touché de la peine tremble:
Ses yeux brusloient tout d'amitié,
Ses yeux mouuoient tout à pitié,
Et beaux, & tristes tout ensemble.

Amour honteux de l'outrager
Resoult souuent de desloger
Ne pouuant la voir si faschée,
Mais elle ny veut consentir
Et pour l'empescher de partir
De son dos à l'ayle arrachée.

Et lors contrainct de demeurer,
Il pleure la voyant pleurer,
Et son feu conuertit en larmes,
Et ses larmes tout au rebours
Ne sont plus larmes, mais amours
Transformez par amoureux charmes.

Souuent elle arrestoit ses pas,
Et tenant ses deux yeux en bas,
Vne main en l'autre pressée,
Elle disoit: helas dy moy?
Dy moy cher amy quelle loy
Veut que Diane soit laissée?

Et puis leuant les yeux en haut,
Mais quoy? pour la fin il le faut
Disoit=elle, que tu t'en ailles,
Amour tu peux s'il est ainsi
Que ton bien traine vn tel soucy
Garder tous les biens que tu bailles

Si son desplaisir estoit grand,
Asez aysément on l'apprend
Par ses voix de regrets si pleines,
Pour sçauoir son mal soucieux,
Qu'on le demande à ses deux yeux
Qui sembloient à lors deux fontaines.

Son amour paroissoit assez
En ses façons, & en l'excez
Des pleurs enfans de son angoisse,
Que si ceste absence elle craint
A ces mots desquels elle plaint
Ce mal futur, qu'on le cognoisse.

Ah! combien ces prochains à Dieux
Vous cousteront mes tristes yeux,
Combien d'allarmes & de peines,
Combien de playes & de morts,
Combien à leurs moindres efforts
Seront toutes nos armes vaines.

O absence que ie preuoy
Que de pleurs vous aurez de moy,
Prochains desparts: mais mors prochaines,
Que de deüil vous me causerez
Que d'ennuys vous m'apporterez
Par vos menaces incertaines.

Voyez quelle ruſe d'Amour,
Il donne du bien pour vn iour,
Qu'il vend pour des ſiecles de larmes,
Pour nous tromper il nous eſt doux
A fin qu'endormis, a ſes coups,
Apres nous n'oppoſions des armes.

Tels biens, des biens ce ne ſont pas,
Ce ſont ſeulement des appas
Que pour nous deſarmer il baille,
Le meſchant qu'il eſt, entend bien
Qu'vn mal qui vient apres vn bien,
Beaucoup plus aigrement trauaille.

Ainſi la pauureté reſſent
Son mal futur dés-ja preſent
Si fort oultrée du martyre,
Que quand ſon Berger elle vit
Tellement l'ennuy la rauit,
Qu'elle ne ſçeut qu'elle deut dire.

Sa voix par trois fois s'esbranla,
Mais trois fois elle ne parla,
Et belle la voyant, Sireine :
Trois fois parler il luy voulut,
Mais trois fois, quoy qu'il reſolut
S'eſtouffa ſa voix enſ a peine.

Mais quoy tout ce qu'ils se faisoient
Leurs yeux parleurs le redisoient,
D'vn geste qui la voix ressemble,
S'annoçants ainsi leur despart,
Auecques ce parlant regart
Dont jadis ils parloient ensemble.

Puis par la main se saisissants,
Au pied des peupliers verdissants,
Ensemble tous deux ils s'assirent,
Esgalement tous deux vaincus,
Esgalement tous deux confus,
L'vn pour l'autre ils entresouspirent.

Pour ce que le bien de se voir,
Et le desplaisir de sçauoir,
Que leur despart tel bien leur vole,
Si vaincus & confus les rend,
Que l'vn ny l'autre n'entreprend
De pouuoir dire vne parole.

En ce mesme lieu bien souuent
Ils s'estoient veuz auparauant,
Mais toutesfois d'vne autre sorte,
Tel rencontre ils celebroient bien,
Or sans plus ils pleurent le bien
Que leur absence leur emporte.

Combien est bizarre l'enfant
Qui de ces cœurs est triomphant
A se voir autant comme ils peuuent
Il a mis leur bien plus parfaict,
Et or' au contraire il a faict,
Qu'à se voir tout leur mal ils trouuent.

Diane en pitié torna l'œil,
Oeil comme d'Amour plein de deüil,
Et au triste Berger l'adresse
Et luy touche de ce bien là
Luy parla, & si ne parla,
Mais pour luy parla sa tristesse.

Helas! Diane qui eust creu
Que quelque desplaisir eust peu
Naistre en moy pour vous auoir veü,
Ou bien que quelque affliction
M'eust donné plus de passion
Que ie n'ay d'heur de vostre veuë.

Toutefois, ie ne sçay comment
Amour a chngé mon tourment:
Car si pour vous voir ma Bergere,
Iadis de desir ie mouroy
Ie meurs par ce que ie vous voy
Et si vos yeux sont ma lumiere.

Et si ce changement n'est pas
Que de vous seruir ie soy las,
Car rien ne sçauroit m'en distraire:
Mais c'est comme tout est changé
Que ie viens pour prendre congé
Au lieu où ie venois me plaire:

Helas! eh, qu'est=ce qu'vn à Dieu
Que mourir au bien en vn lieu,
Pour reuiure ailleurs en des peines?
Qu'est=ce autre chose despartir,
Sinon qu'vne ame me partir
Pour souffrir deux morts inhumaines?

Et toutesfois il faut partir,
Et rien ne veut plus consentir
Que i'aille esloignant ma disgrace:
Diane à ce coup ie sens bien,
Que sous le Ciel il n'y a rien
Que le changement ne menace.

Mais ma bergere permettez
Que ie pense que vous santez
Comme moy le mal qui m'offence,
Ie le croy, car croire autrement
Me turoit aussi promptement
Que i'en aurois eu sa creance.

Mais quoy? si vous le ressentez
Comme est=ce que vous consentez,
Que de vous si tost ie m'en aille?
Comment viens=ie pour m'en aller?
Et comment vous puis=ie parler
Sans que le parler me deffaille?

Iamais sans le soleil ces prez
De fleurs ne seroient diaprez,
C'est luy qui cause leur naissance,
Vous de qui les perfections
Sont meres de mes actions,
Comment causez=vous mon absence?

Mais aussi cela n'estant pas,
Comment puis=ie torner mes pas
Pour m'esloigner du bien que i'ayme?
Helas! c'est le ciel qui le veut,
Mais comment est=ce qu'il le peut
Si vous ne le voulez vous=mesme?

Las! Bergere qu'est=ce de moy
Il faut que ie parte, & ie voy
Qu'à mon despart mesme ie n'ose
Trouuer raison de despartir,
Car mon cœur ne veut consentir
A raison que ie luy propose.

De sorte qu'en doute ie suis
Que comme trouuer ie ne puis
De vous esloigner apparence,
Vous qui au contraire aueζ tant
De raison, de m'aller quittant,
Ne le faßieζ en mon absence.

Helas? à quoy en sommes=nous!
Vous me direζ que ce n'est vous
Qui m'esloigneζ de vostre veuë,
Certes aussi n'est-ce pas moy,
De dire qui c'est, ie ne sçauroy,
Mais qui que ce soit il me tuë.

Sireine desolé pasteur
Outragé d'extrême douleur,
A Diane tint ce langage,
En pleurant il le racontoit,
Et elle en pleurant l'escoutoit:
Pleur qu'Amour leur donnoit pour gage.

A ce que le Berger luy dict
Des yeux elle luy respondit,
Response d'Amour tres=fidelle,
Apres de la voix elle vsa
A l'abort elle ne l'osa,
Mais en fin si se vainquit=elle.

Ie suis en estat si confus
Berger, que ie te diray plus
Qu'il ne te sert d'ouyr ma peine,
Car que sert-il de raconter
Le mal qui ne peut qu'augmenter,
Puis qu'en fin tu t'en vas (Sireine.)

Mais de le taire, que sert=il
Puis que tu t'en vas en exil,
Ou plustost me laisses bannie,
Le dire, ou ne le dire pas
Ne sert de rien, car tu t'en vas,
Quoy que i'aduouë ou que ie nie.

Si ie pouuoy ie le tairoy,
Mais mon amour qui est mon Roy
Commande que ie le descouure:
C'est donc Amour (ô mon pasteur)
Qui dist les secrets de mon cœur,
Et non pas moy qui te les ouure.

Tu t'en vas donc ce miesme iour,
Berger, quand sera ton retour?
Mais pourquoy t'en vas=tu Sireine?
Pourquoy me laisses=tu icy?
Se peut=il bien que le soucy
Ne te touche point de ma peine?

Où le temps & le lieu touſiours
Et le bon=heur de nos amours,
Viuront dedans ma ſouuenance,
Auras=tu tant de force en toy
Ou ſi peu de ſoucy de moy
Que d'y commancer ton abſence?

Doncques tu auras bien le cœur
De me laiſſer, ou la douleur
Onc ſans toy ne me donra tréue,
Icy, où le lieu, & le temps
Nous ont veus tous deux ſi contens
Veux=tu que ſeule ie me treuue?

Helas? quel regret ie préuoy
Eſtre ſeule à toy & ſans toy,
Me voir en ceſte riue herbeuſe,
Ie diray pleine de ſoucy,
Sireine & moy eſtions icy,
Où eſtes=vous ſaiſon heureuſe?

Puis que tu és tout mon plaiſir,
Puis que tu és tout mon deſir,
Amy, quelle ſera ma peine
De voir en ces arbres d'autour
Mon nom en mille nœuds d'amour
Et ne te voir point, mon Sireine.

Quel penser ou quel souuenir
Pourray=ie en mon cœur retenir
Dont ma peine ne soit conçeuë
Que tu dis, en grauant cecy,
Au cœur ie me le graue außi,
Ton amour ie n'ay que trop sçeuë.

Quoy donc ? qu'encore vis à vis,
Au mesme temps tu escriuis :
Vos yeux d'vn autre caraêthere,
Que ceux qu'en ces arbres ie mets
Marquent bien mon cœur pour iamais,
L'aage ne le sçauroit deffaire.

Sireine ce penser sera
Celuy qui plus m'offencera,
Lors que tu descouppois l'escorce
De ces arbrisseaux pour mon nom,
Amour en moy d'autre poinçon
Fit bien le tien à toute force.

Außi ne peuuent m'apparoir
Tes chiffres, que comme vn miroir
Des miens, il ne m'en ressouuienne,
Ny penser à ce que tu dis,
Que ce que ie te respondis,
En la memoire ne me vienne.

Si lors

Si lors tes larmes ondoyoient,
Les miennes le sein me noyoient,
Et si tes souspirs l'vn sur l'autre
Sembloient au cercueil t'emporter,
Moy qui n'osois te le monstrer
Ressentois ton mal comme nostre.

Amour a depuis augmenté
Pour toy ma bonne volonté,
Ainsi qu'en ceste escorce tendre
Mon nom est allé s'augmentant,
Que si tu n'en sçeus iamais tant
Amour te le faict or' entendre.

Iuge donc puis qu'il est ainsi
En me reuoyant seule icy,
Icy où fust jadis ma gloire
Sans auoir le bien de t'y voir
Quel traictement ie puis auoir
Et quel repos de ma memoire.

O Dieux! tu pleures mon pasteur,
Est=il possible que ce cœur
Au foibles larmes s'amolisse?
Et qu'a voir le tort que tu as
De t'en aller où tu t'en vas
De plus en plus il s'endurcisse?

O mon Berger ne pleure pas,
Ces pleurs en vain coulent en bas
Tu n'en peus efperer nulle ayde,
Ce n'eft pas d'vn homme de cœur
D'aller plaignant vne douleur,
Dont en fa main eft le remede.

Pourquoy pleurer ? ne peux=tu pas
Arrefter tes volages pas ?
Pardonne moy, fi ie t'offence,
Car ce coup eft trop douloureux,
Ne parts point, mais las tu le veux,
O qu'amour à peu de puiffance !

Tels propos Diane luy dict,
Aufquels Sireine refpondit
Combien ce defpart me trauaille
Iugez le à ces pleurs efcoulez,
Que ie demeure vous voulez,
Mais le ciel veut que ie m'en aille.

A fin de ne partir d'icy,
Y a=il hazard fi noircy
D'horreur, que librement ie n'ofe ?
Mais las, en ce defpart forcé
En quoy puis=ie auoir offencé,
Si mefme ie n'en fuis la caufe ?

Tout ce que du vouloir ie puis
Despend de vous à qui ie suis,
Mais au ciel i'obeys par force,
Donc du vouloir ie resteray
Et par force ie m'en iray.
Faisant en moy=mesme vn diuorct.

Voulut le ciel que de ma main
Despendit ainsi le dessein
Qui cet heureux seiour m'enuie,
Et qui loing de vous me tiendra
Comme pour iamais despendra
De vous, & ma mort, & ma vie.

Mais ma Bergere croyez moy
Si ce cruel sort, que ie voy
Quelquefois de moy ne s'absente,
Certes vous croyez bien en vain,
Si vous pensez que de ma main
Despende rien qui me contente.

C'est mon maistre ce grand pasteur
Qui m'en enuoye à contre-cœur,
Aduienne ô Dieux ! que ie le voye,
Pour ma vengeance quelque iour,
Autant affligé de l'amour
Comme amoureux il m'en enuoye.

Il est vray que laisser ie puis
Pour vous le maistre que ie suis,
Mais par là, mon mal ie rengrege:
Car dictes moy faisant ainsi,
Comment retourneray=ie icy
Ou comment y demeureray=ie?

Puis que n'ayant à mon seiour
Autre subjet que de l'amour.
Vous seule estant pour estre aymée,
Ou seule au moins digne de moy
Ce plaisir ie m'acheteroy
Au pris de vostre renommée.

A lors Diane tout ainsi
Qu'vne nuë au sein espaissi
Verse tout à coup vn orage,
De mesme ces maux escoutant,
Que Sireine alloit racontant
Son cœur s'ouurit en ce langage.

Doncques ton cœur peut consentir
Et trouuer raison de partir:
Ne sçay-tu pas qu'Amour n'endure,
Quand tel mal se doit esprouuer
Que raison s'y puisse trouuer,
Sinon de mourir de bonne heure.

O mon Berger, ce que tu faits
M'annonce de tristes effects,
Car on voit par experience
Que qui se peut bien consoler
Quand il est prest de s'en aller
Se console bien en absence.

Qui supporte bien le partir
Peut aussi l'absence pastir,
L'ordonnance d'Amour est telle
Doncques, que sera=ce de moy?
Mais, las que sera=ce de toy?
Ta volonté changerat=elle?

Auras=tu point le souuenir
De quelquefois t'en reuenir?
Auras=tu point en ta pensée,
Et mon amour & ta vertu?
Ou au moins te souuiendras=tu
De l'estat où tu m'as laissée?

Ne repenseras=tu iamais
Quelle ie te suis, quel tu m'es?
Et quelle icy t'estant rauie
Tu me vis, & quel ie te vy,
Et que loing de toy ie ne vy,
Ou si ie vy, c'est en ta vie?

Si feras ainsi ie le croy,
Tu as trop d'amitié pour moy,
N'est=il pas vray? iure Sireine,
Ie iure respond le Berger
Tous les iours, mais tousiours songer
En ma Diane & en ma peine.

Va donc (dict=elle) va Berger,
Et sur tout garde de changer,
Embarque toy & sans allarmes,
Aussi tost puisses-tu passer
La mer qu'il te faut trauerser,
Que ton cœur celle de mes larmes.

Ainsi que ton amour en moy
Que l'œil des Dieux soit dessus toy,
Que de toy la mer oportune
Aille la tourmente escartant
Mieux qu'Amour ne me va traictant
Qu'helas! te traicte la fortune.

Auant ma mort puissent mes yeux,
Amy, te reuoir en ces lieux,
Bien que pour toy seul il se deulent,
Et que de leur aspre douleur,
Sireine soit le seul autheur
Son mal toutefois ils ne veulent.

Voylez d'vne eternelle nuict
(Aussi leur lumiere te suit)
Ils n'auront rien qui les allege,
Va Sireine ie n'en puis plus,
La voix me faut, & son refus
Faict que mes à Dieux, ie t'abbrege.

A ces mots sa voix se perdit,
Et lors Sireine respondit:
O que i'espreuue veritable
Qu'vn mal'heur iamais ne vient seul,
Puis qu'il faut ioindre auec mon dueil
Le vostre presque insuportable.

Amour, tout ce miracle est tien,
Tu faicts que de mon plus grand bien
Naisse ma douleur plus extréme,
Et qu'vn bien gouster ne se peut
Si du despart elle se deut,
N'est=ce pas signe qu'elle m'ayme ?

Si elle m'ayme, qui a=il
De plus heureux que cet exil
Qui m'en donne la cognoissance?
Si ne puis=ie voir sans ennuy
En ces beaux yeux moistes celuy
Qu'elle a pour ma fascheuse absence.

Vous pleurez & ie ne parts pas,
Mon cœur sera iusqu'au trespas
Tousiours auec vous, ma Diane,
Porté du desir vers vos yeux,
Ainsi qu'au prin=temps gracieux
Vole aux fleurs la mouche Hybleane.

Mes pensers yront & viendront,
Et vos nouuelles me diront:
(O peussent=ils aussi de mesme)
Les miennes vous conter vn peu,
Par eux vous verriez toute en feu
Tousiours ceste ame qui vous ayme.

Ainsi prés de vous, vous aurez
Belle (si vous la retirez)
Ma foy qui vous est asseruie,
Et moy en eschange, i'auray
Vos sermens que ie garderay
Aussi chers que ma propre vie.

Si iamais ie change de cœur
Mon plus grand bien soit la douleur
Et si i'ay seulement enuie
De voir autre beauté que vous,
Amour soit mon bon=heur plus doux
Tout le plus grand mal d'vne vie.

Mais vous offencez noſtre amour
En m'adiurant d'vn prompt retour,
I'en auray plus de ſouuenance
Que de viure eſloigné de vous,
Car rien ne me peut eſtre doux
Que le bien de voſtre preſence.

Lors les yeux nageans dans ſes pleurs,
La voix eſtouffée en douleurs,
Le cœur regorgeant de triſteſſe,
Le pauure Sireine ſe teut,
Dire d'auantage il ne peut
Tant l'extréme regret le preſſe.

Va mon Berger, va ie voy bien
Dict=elle à lors, que tu és mien,
Mais ſçache auſſi que ie ſuis tienne,
Amour m'a faict franchir ce mot
Va donc content & reuiens toſt,
Mais qu'auec toy l'Amour reuienne.

Si pendant ton faſcheux ſeiour
Quelque eſtincelle d'autre amour,
Ou bien ſi en toute ma vie
Quelque oubly s'approche de moy,
Faſſe Amour pour venger ma foy
Que de moy=meſme ie m'oublie.

Ie iure que iamais parens
Contre moy deuenus tyrans,
Ny mere plus qu'ourse cruelle
Ne pourrons mon amour changer,
Toutes choses courent danger
Du changement, mais non point elle.

Vy donc heureux & soy certain,
Que non pas mesme le destin
Ne peut sur ce que ie t'assure,
Fasse le ciel ce qu'il voudra
Iamais autre ne deuiendra
L'affection que ie te iure.

Prens Bergere ce cordon heureux
Que ie t'ay faict de mes cheueux,
Heureux parce qu'en mon absence
Il sera tousiours prez de toy,
Prens le pour gage de ma foy,
Et pour marque de ta puissance.

Et reçoy ceste bague aussi,
A fin que tu sçaches ainsi
Que ces deux mains y sont serrées
Par des doubles fidelitez,
Que nos vnies volontez
Ne sçauroient estre separées.

Il luy respond, ie ne vous puis
Laisser sinon de mes ennuis
Vne eternelle souuenance,
Reçeuez=là donc de ma part,
Afin qu'en ce mortel despart
Mon mal me soit quelque allegeance.

Et reçeuez ces vers aussi
Qui sont les tesmoins iusqu'icy
Du bien, & du mal que i'espreuue,
Car c'est à eux que i'ay conté
Les effects de vostre beauté
Et l'estat en quoy ie me trouue.

A ces mots ces tristes amants
Par des doubles embrassements
Se dirent , à Dieu, sans le dire
Amour en pleura de pitié,
Et voyant si belle amitié
Se repentit de leur martyre.

Rien n'approche le desplaisir,
Dont vn amant se sent saisir
En ces mortelles desparties,
La mort est moindre puis qu'à lors
L'ame sort seulement du corps,
Mais l'absence en faict deux parties.

Tu le sçeus (Berger plein de foy)
Quand apres vos à Dieux par toy,
Diane seule fust laissée
Seule non, car elle eust ton cœur,
Mais seule car le sien (pasteur)
Te suiuit auec sa pensée.

Sireine en soy=mesme rauy
Auoit bien du penser suiuy
Celle qui cause son martyre,
Mais au lieu de se consoler,
Il ne faisoit qu'amonceler
Regrets aux regrets qu'il souspire.

Amour luy promet qu'vn retour
Luy rendra cet aymé seiour,
Et qu'alors plus heureux encore
Il doit esperer de se voir,
Puis qu'en fin il a pû sçauoir
Qu'elle l'ayme comme il l'adore.

Mais quoy? ces desirs pretendus
Qui luy sembloient estre bien deus
Augmentoient son impatience,
Comme le plaisir esperé,
Rend le retour plus desiré
Et plus griefue en l'ame l'absence.

Toutefois il s'en va, mais non
Du Berger ne s'en va sinon
Le corps froid, & l'ame demeure,
Que si rien luy en est resté,
C'est seulement la volonté
De s'en reuenir à toute heure.

Il dict en partant de ce lieu
O beau seiour d'Amour, à Dieu!
A Dieu solitaire demeure
Des belles Nymphes d'alentour,
Vous sçauez qu'elle est mon amour,
Iugez s'il ne faut que ie meure.

Ayant si longuement esté
Tesmoings de ma felicité,
Soyez les ores de ma peine
Et du serment que ie promets,
I'aimeray Diane à iamais
Ou ie n'aimeray point Sireine.

Il part, & au partir, trois fois
Du pied il choppa contre vn bois,
Mais le destin qui nous desarme
De toute cognoissance, à lors
Qu'il veut faire ses grands efforts
Cet aduis de douleur luy charme.

Vn vent frais esleuoit la mer
Au bort la faisant escumer,
Quand Sireine vint au riuage,
Helas! disoit=il, mes douleurs
Font bien autre mer de mes pleurs,
Et mes soupirs vn autre orage.

En fin il s'embarque au vaisseau
On iette la commende en l'eau,
Les rames dans la mer respondent,
Le vent dans les voiles s'estend,
Et l'on voit que de temps en temps
A leurs yeux les riuages fondent.

Fin du despart de Sireine.

L'ABSENCE DE
Sireine.

DEVXIESME LIVRE.

Sireine absent du beau seiour
Où jadis le blessoit amour,
 N'ayant rien tant en sa pensée
Que le bien qu'il auoit laissé
Et la gloire du temps passé
Qu'vne absence auoit effacée.

 Le long des riuages herbeux
De l'Eridan, paissoit les bœufs
Et les gras trouppeaux de son maistre
Dont fidelle il estoit chargé,
Combien helas! combien changé
Amour de ce qu'il souloit estre?

Sa ioüe où la reine des fleurs,
Et les lis meſloient leur couleurs,
Languiſſoit en palleurs mortelles,
Les larmes ſans plus ondoyoient
Dedans ſes yeux où ſe iouoyent
Les belles charités entr'elles.

Amour qui ſouloit viure en luy
Plein de plaiſir n'a que l'ennuy
Pour ſa plus chere nourriture,
Si bien qu'en cet eſloignement,
S'il viuoit c'eſtoit du tourment
Qui s'alloit croiſſant à toute heure.

Ainſi le Berger deſolé
Ne pouuant eſtre conſolé
Durant ceſte fatale abſence
S'alloit eſgarant quelquefois,
Par les rochers ou par les bois
Fuyant des hommes la preſence.

Solitaire, & loing de chacun,
Suiuant de ſon mal importun
La noire humeur, il ſe retire
Aux antres les plus reculez,
Et les deſtours plus recelez
Sont ceux=là que plus il deſire.

N'ayant à lors rien de si doux
Que de repenser à tous coups
Au triste à Dieu de sa maistresse,
De quelle parole elle vsoit,
Lors qu'en pleurs elle luy disoit
Qu'il se souuint de sa promesse.

Soudain que l'Aurore à l'entour
Espanchoit des portes du iour
Ses œillets & boutons de rose,
Il est temps, disoit=il, mon cœur
Que tu recommences ton pleur,
Puis que ton mal ne se repose.

Il sortoit du lict transporté
Et par l'endroict moins frequenté
Quelquefois cherchoit les boccages,
Quelquefois pour se mieux cacher,
Les caués replis d'vn rocher
Le plus escarté des villages.

Il aduint qu'oubliant le soing
De ses brebis vn iour bien loing,
Pour mieux entretenir son ame
Sur l'Eridan, il s'en alla,
En ce lieu Phaëton brusla
(Dict=il) mais d'vne moindre flamme.

Icy cheut l'ardant Phaëton,
Et dans ce fleuue, ce dict=on,
Furent les flammes amorties,
Et pourquoy les miennes auſsi
Ne s'eſteignent=elles icy,
Ou aux larmes de moy ſorties?

Tu dis amour que ton ardeur
Surpaſſe toute autre en grandeur,
Et qu'icy trop peu d'eau ſe trouue,
Il eſt vray, mais amour tu ſçais
Que mes pleurs font par leur exces
En moy vn beaucoup plus grand fleuue.

Que ſi toutefois tu ne veux
Que mes pleurs eſteignent les feux
Dont ta main puiſſante foudroye,
Permets au moins que tes chaleurs
Puiſſent faire tarir mes pleurs,
Le feu, ou l'eau, me bruſle, ou noye.

Puis tournant les yeux à l'entour
Voit des grand Peupliers, qui du iour
Rendoient vne chiche lumiere
Par l'ombre de leur noirs cheueux,
Et ſembloit qu'enlaſſez entr'eux
Leur pleur fiſt groſsir la riuiere.

Heureux ennuis, vtiles pleurs
Qui puſtes contre les douleurs
Endurcir d'vne telle eſcorce
(Dict=il) des ſœurs la tendre peau,
Qu'inſenſibles ſans leur rameau
Elles n'en ſentent plus la force.

Pourquoy mes pleurs, ennuis pourquoy
Ne pouue z= vous autant en moy?
Qui vous le peut rendre impoſſible?
Pourquoy d'vn miſerable amant
N'enfermez= vous le ſentiment
Deſſous vne eſcorce inſenſible?

Peut eſtre ſuis=ie mort auſſi,
Et que ce que ie plains icy
N'eſt ſinon que la vaine plainte
Que font les manes ſans effect,
Mais quoy ſi ie ſuis mort, qui faict
Que ie vy remourant de crainte?

Mais ſi ie vis, helas ! comment
La mort inſeparablement
Touſiours dedans mon cœur demeure?
Ah ! ſi ie meurs, au bien ie meurs,
Si ie vis, ie vis aux douleurs
A fin qu'oncques mon mal ne meure.

Alors tous les eſpoirs conçeus,
Alors tous les plaiſirs reçeus
Luy reuindrent en la penſée,
Mais las! ſon eſtat ennuyeux
luy miſt ſoudain deuant les yeux
Qu'en fin c'eſtoit choſe paſſée.

Aſes plaiſirs dés-ja paſſeʒ
Les maux preſens ſont balenceʒ,
Les deſeſpoirs à l'eſperance,
Mais combien foible eſt ce poix-là
Puis que le paſſé à cela
Qu'à peine eſt=il mis en balance.

Donc le preſent mieux reſſenty
Fut en ce poix apeſenty
D'ennuy ſi grand & inuincible,
Que ie ne ſçay comment ce fiſt
Que ce tourment ſeul ne ſuffit
A rendre ſon cœur inſenſible.

Inſenſible deuoit=il pas
Rendre ce cœur ſi le treſpas
Des ſentimens rauit le trouble?
Et ſi l'on meurt par vne mort
Qui de pluſieurs a eu l'effort
Doit bien eſtre inſenſible au double.

A cet amant ſans qu'il mourut
La mort tout à coup accourut
Auec cent treſpas autour d'elle,
Que ſ'il ne mourut pas à lors,
C'eſt qu'elle ne fiſt ſes efforts
Qu'en l'ame qui eſt immortelle.

Puis qu'auſſi toſt vindrent apres
Toutes les cauſes de regrets
Que l'abſence luy faiſoit naiſtre,
Quoy donc ? a eu moins de pouuoir
L'amour (dict=il) que le deuoir,
Et ma maiſtreſſe que mon maiſtre ?

Donc viuant i'ay pû conſentir
De la laiſſer ? i'ay pû partir?
I'ay pû donc ouyr de ſa bouche
Ses à Dieux & ne ſuis pas mort?
Qui peuſt ſouſtenir tel effort
Pluſtoſt qu'amant, fuſt vne ſouche.

D'vn penſer vn autre luy naiſt,
Et iamais celuy qui luy plaiſt
Vn moment ne vit en ſoy=meſme,
Comment, diſoit=il, ce ſoleil
Ne ſerat=il veu de quelque œil ?
S'il eſt veu, ç'en eſt faict, on l'ayme.

De-là, le ſoupçon accroiſſoit,
Du ſoupçon, la crainte naiſſoit,
De la crainte, la jalouſie,
Et de la jalouſie en fin
Se produiſoit dedans ſon ſein
Vne eſpece de frenaiſie.

Et n'eſtoit que le tourmentant,
Ce mal qu'il alloit augmentant
Se laſſoit meſme en ſa victoire,
Ie ne ſçay pas qu'elle euſt eſté
Sa vie, dans l'extremité
D'vne ſi cruelle memoire.

Comme le fer rouge de feu
De ſoy n'eſtincelle qu'vn peu,
Mais ſort tout en feu & en flame
Quand le marteau l'à outragé,
Ainſi de penſer ſurchargé
Sireine eſtincelle en ſon ame.

Et quand ſes penſers non trompeurs
Alloient renouuellant ſes pleurs,
Le frappant comme nouueaux Brontes
Sur l'enclume du ſouuenir,
Amour tu le vis deuenir
De feu, mais le feu tu ſurmontes.

Et pendant qu'il estoit ainsi,
L'œil de trop de pleurs obscurcy
Il tourne sur l'onde fuyarde,
Qui flot redouble dessus flots,
Auec elle emportoit ces mots
Sans, helas! qu'il s'en prenne garde.

Laissez-moy penser, trop pensez,
Donnez-moy tréue & vous lassez
Desormais de si longue guerre,
C'est estre cruel, non vaillant
Que d'aller encor trauaillant
Les vaincus en estrange terre.

Allez, courez, volez legers,
O mes amoureux messagers,
Et si ma pitié vous emporte
A celle que ie plains icy,
Remanteuez-luy le soucy
Qu'icy pour elle ie supporte.

Veritables racontez-luy
Les cruautez de mon ennuy
Et l'effort de ma patience,
Comment ie vy passant le iour,
Comment la nuict me traicte amour
Aux ceps d'vne si longue absence.

Mais dictes luy que tout ce mal
Toutesfois ne peuſt eſtre eſgal
Au bien que i'ay d'eſtre aymé d'elle,
Et qu'enſemble tous les ennuis
Adiouſtez à ceux où ie ſuis
Ne ſçauroient me rendre infidelle.

Que mon cœur dedans les trauaux
Reſſemble à l'aulne dans les eaux
Qui s'endurcit par longue eſpace,
Souffrant auſſi ie m'endurcy,
Mais nous differons en cecy
Qu'il ne reſſent, quoy qu'on luy faſſe.

Moy qu'au contraire ie reſſens
Touſiours mes ennuis renaiſſans,
Plus ſenſible en ce qui m'offence,
Et que le violent deſir
De la reuoir, eſt le plaiſir
Qui ſeul me reſte en ceſte abſence.

Ainſi diſcouroit ce Berger
Au meſme temps qu'vn meſſager
Que ſa Diane luy enuoye
Des lettres luy donna (mais non)
C'eſtoient des amours ſoubs ce nom,
Dont meſme le papier flamboye.

                        O Amour

O Amour que ressentit=il!
o combien heureux fust l'exil
Qui vit naistre tant de liesse,
Onc plus beau ne fust le seiour
Au pres mesme de son amour
Que ceste absence eust d'alegresse.

Ce messager auoit cherché
Longuement cet endroit caché
Pour seul son message luy dire,
Mais à la fin quoy qu'il voulut
Estre tout seul, il luy faillut
Prendre plusieurs pour le conduire.

Amour en cent façons l'assaut,
Que fera=il, puis qu'il ne faut
En donner à lors cognoissance
Aux Bergers qui sont à l'entour?
Le cachant, il offence amour,
Le monstrant, Diane il offence.

Doncques pour leur plaire à tous deux,
Il cache & montre vn peu ses feux
Et si vn peu par telle ruse,
Il les offence tour à tour,
Diane l'excuse à l'amour,
Amour à Diane l'excuse.

C

Ainſi combatu doublement,
Vaincu vaincœur également,
Ores d'amour, & ore d'elle,
De ſ'enquerir il ſ'efforça
Le deſir ſans plus l'y pouſſa,
Qui curieux s'en renouuelle.

Meſſager, ſoient ainſi les Dieux
Touſiours à tes vœux gracieux,
Dy moy qu'eſt=il de noſtre pleine ?
Qu'eſt=il de nos Bergers auſſi ?
Le Meſſager reſpond ainſi,
Chacun t'y regrette (Sireine.)

Chacun deſire ton retour,
Chacun deſpite ton ſeiour,
Chacun enuie ce riuage
Qui t'a ſi long=temps retenu,
Chaſcun pour eſtre icy venu
Eſtoit ialoux de mon voyage,

Siluan encore qu'amoureux,
Ne laiſſe d'eſtre deſireux
De te reuoir bien toſt (Sireine.)
Diane me diſt en partant,
Qui a=il qui l'arreſte tant,
Fay que ton retour nous l'ameine.

Il dist & soudain il s'en va,
Alors Sireine se leua
Et le long du courbé riuage
Ainsi que son pas le portoit,
A soy=mesme il se ramantoit
Chasque mot de ce doux message.

Puis prenant la lettre en la main,
Papier (dict-il) d'amour tout plein,
Que m'apportes=tu? paix, ou guerre?
Lors vn glaçon gella son cœur,
Mais le desir qui fust vaincœur
Rompit le cachet qui la serre.

Cher Messager de mon bon=heur
(Dict=il) ou plustost le donneur
Du bien qu'en cet exil i'espreuue:
O doux & heureux truchement,
Du cœur dont le commandement,
Fait qu'entre mes mains ie te treuue?

O mes yeux! c'est bien pour certain
Que voicy les traits de la main
Où s'enclot mon bien & ma peine,
Et qui tant de feux ont semez
Parmy ces chiffres bien aymez
De nos desirs marque certaine.

Combien de Cupidon esclots,
Naissent à chacun de tes mots?
O combien de flammes tu portes!
Ie ne sçay pas comment tu peux
Ne te brusler à tant de feux
Dont tu brusles de tant de sortes.

Amour ces miracles a faicts,
Qui aux impossibles effects
A tousiours la main resoluë,
(Il dict) & l'ouurant il y leut,
Sireine qui és mon salut
Vne Diane te saluë.

Puisse=tu viure aussi heureux,
Puisse=tu iouyr pour nous deux
Autant d'vn destin fauorable,
Comme loing de toy ie ne puis
M'accompagner que des ennuis,
Qui font ma vie insupportable.

Berger si prompt en t'en allant
Qui te faict au retour si lent,
Ton amour n'a=il point de plume,
S'il en a, ie ne sçay comment,
Tu seiournes si longuement
Sans voler comme de coustume.

Helas ! à mon dam ie voy bien
Qu'Amour promet & ne tient rien,
Aux plus fideles trop pariure:
Il me promit à ton deſpart
Vn prompt retour, mais ie voy tard,
Qu'il ment plus, lors que plus il iure.

Ie voy, & ie ne puis penſer
(Afin Berger de n'offencer
Ta foy que ie croy trop ſincere)
Que ce que ie voy ſoit ainſi,
Et ſi tu ne reuiens icy
Ie dis, il ne le peut pas faire.

Ainſi i'eſſaye en me flattant,
De diſlayer iuſques à tant
Qu'à ton deſir recroiſſe l'ayle,
Que ſ'il n'a plus le ſouuenir
Deſormais de ſ'en reuenir,
Eſcoute au moins que ie t'appelle.

Las ! ie t'appelle inceſſamment
De ce trop long banniſſement,
Banniſſement certes, le dis-ie,
Puis que tous deux il nous bannit
Du lieu où l'amour nous vnit,
Et bannis tous deux nous afflige.

   Chasque moment de ce seiour
Qui va retardant ton retour,
M'est vn long siecle que ie pleure,
Tu vis mes yeux (ô temps heureux)
Tous bruslants de feux amoureux,
Or sans plus le pleur y demeure.

   Que c'est, amy, de bien aymer,
Si l'on me parle de la mer
I'ay l'ame de crainte frappée,
Que quelque tourbillon volant
Ne t'ait accueilli en allant,
Et ta galere enueloppée.

   Si l'on me discourt des poissons,
Monstres-marins, mille glaçons
Me gellent aussi tost craintiue,
Si l'on me nomme quelque escueil,
(O Berger) que deuient mon œil ?
Ie suis aussi morte que viue.

   Que si l'on raconte les loups
Qu'aux Alpes on voit à tous coups,
Ie tremble, amy, toute peureuse,
Et plus encor pour ces grands Ours
Aussi vne amitié tousiours
Est plaine de crainte soigneuse.

Dieux ! qu'eſt=ce que ie ne craint point?
Loing de toy toute fleur me point
Et m'eſt vne tranchante eſpine,
Ce que ie crains, ie ne ſçay pas,
Mais ie ſçay bien qu'à tous les pas
L'effroy me gelle la poictrine.

Qui ſçait? peuſt eſtre à mes deſpens,
A nouuelle amour tu te prens
Et porté d'vne humeur volage,
Te mocquant de moy, tu luy dis
Qu'auſſi ſotte que mes brebis,
Ie ſuis vrayment née au vilage.

Ah ! ſoit faux ce penſer faſcheux,
Que ſi toutefois tu le veux
Auant que de m'eſtre infidele,
Fay courre ce bruict, i'en mourray,
(Sireine) iamais ie n'oray
Sans mourir ſemblable nouuelle.

Mais non ie ne veux plus ſonger
Que tu puiſſes eſtre leger,
Ny qu'autre de toy me recule,
Auſſi toute raiſon veut bien
Puis que ton feu ſeul eſt le mien,
Que le mien ſeul auſſi te bruſle.

Que si le desir de me voir,
N'a tant en ton cœur de pouuoir
Qu'vn prompt retour il te permette,
Que mon ennuy si violent
Te fasse reuenir volant,
Et tu verras comme il me traiête.

Tu verras que tout mon trouppeau
Ne boit point tant de goutte d'eau,
Ny ne despoüillent nostre pleine
De tant & tant de belles fleurs,
Que ie supporte de douleurs
Pendant ton absence (Sireine.)

Tu verras qu'vne triste nuiêt,
Quelque part que i'aille me suit
Depuis le iour (ains la nuiêt sombre)
Qu'amy, ie te pûs dire à Dieu,
Que bien qu'on me croye en ce lieu
Il n'y a rien plus que mon ombre.

Tu verras que tous ces plaisirs
Qui souloient borner mes desirs
Ne sont plus rien en ton absence,
Et que ie ne me plaits, sinon,
(Sireine) qu'à nommer ton nom
Et viure da ta souuenance.

Si ie vas quelquefois aux lieux
Tesmoins de nos derniers à Dieux,
Icy (souspiray=ie en moy=mesme)
Estoit Sireine & sur le sein,
Il mit plus de cent fois la main
Disant, Diane ie vous ayme.

Si ie vois les prez verdissants,
Où nos trouppeaux raieunissants
S'engraissoient ensemble au reuiure,
Ie dis, ô Dieux! que different
Est l'estat où ie vas mourant
De celuy où ie soulois viure.

Bref, en quelque part que ie sois,
Tousiours presente ie conçois
En mon cœur (Berger) ton Idée,
Et semble, ou soit=il, pour mon mieux
Ou pour mon pis que curieux,
Amour en tout me l'ait gardée.

Mais ces pensers repus de vent,
Apres demandent bien souuent
Pourquoy tu m'as abandonnée,
Estant certains que si i'estoy,
(O mon Sireine comme toy)
Ie seroy dés=ja retournée.

Ils sçauent bien que ton desir,
Ne permettoit à ton plaisir
Qu'autrefois loing, tu pusses estre,
Et or' ils ne sçauent comment,
Tu demeures si longuement,
Au moins! que i'aye vn mot de lettre.

Ah! non, n'escry point, mais reuien,
Reuien Berger, & te souuien
Qu'amour grand Dieu te le commande,
Ton amour te le dict ainsi,
Le mien plus grand l'ordonne aussi,
Est-il quelque force plus grande?

Si treuuer raison tu ne peux
De reuenir quand ie le veux,
Il faut que tu te ressouuiennes,
Que si ce n'est ta passion,
C'est (Berger) mon affection,
Qui veut pour tout que tu reuiennes.

Si ton amour n'est point changé,
Tu treuueras que ce congé
Doit bien auoir plus de puissance,
Que la raison que tu bastis,
Lors que de cet œil tu partis,
Oeil qui pleure encor ceste offence.

Que si tu t'en pûs en aller,
A fin seulement de celler
Nos amitiez en quelque sorte,
Ores ne dois=tu revenir
Pour ces amitiez maintenir,
Qui mourront quand ie seray morte ?

Que si tu n'aduances tes pas,
Ingrat amant de mon trespas
Tu sçauras bien tost les nouuelles
Vien si ce bien t'est encor cher
Qui t'esloigna pour le cacher,
S'il se perd en vain tu le celles.

Oultre que ma mere se deult,
Et plus longuement ne me veult
Seule dans vn lict solitaire,
Et souuent se fasche auec moy,
Mais pourueu que ie sois à toy
A son gré me tanse ma mere?

Dieux oyez ce que ie promets,
Mon amour ne mourra iamais
Il n'y a destin qui le change,
Que s'il aduient oncq autrement,
Fasse le ciel soudainement
Que l'amour, par la mort s'en vange.

C vj

Cellé (mon Berger) qui t'escrit,
Est celle qui jadis t'esprit
Et s'esprit d'amour non profane,
Mais d'vn qui fust si sainct & beau
Qu'elle l'aura mesme au tombeau,
Car (Sireine) c'est ta Diane !

Quel plaisir ? quel contentement
En son heureux forcénement,
(Sireine) à lors ton cœur enleue ?
Où sont fuis tes maux passez,
Certes ils sont bien effacez
Comme la nuict quand le iour leue.

Autant comme il y vit de mots,
Autant il baisa sans repos
D'amour la douce messagere,
Quel heur en presence (dict-il)
Sçauroit esgaler mon exil
Par vne fortune si chere?

Quoy pappier, il est donc certain
Que tu as baisé ceste main
Qu'en esprit cent fois ie rebaise,
Et que ces flambeaux pleins d'amour
T'ont esclairé de leur beau iour,
Et son cœur t'a remply de braise.

Ayant tant de bien obtenu,
Comment pappier, és tu venu
Icy en vn monde de peine?
Icy où le mal nous repaist,
Icy où tout ce qui nous plaist,
Est le seul penser qui t'ameine?

Tu ne meritois tant de bien
L'ayant laissé pour estre mien,
Mais las ! en toy ie me condemne,
Ie ne meritois l'heur reçeu
Puis que venant icy i'ay sçeu,
Sans mourir laisser ma Diane.

Alors vn torrent de ses yeux
Moüille ceste lettre en cent lieux,
D'amour, de regret, & de honte,
Parce qu'il ne voit ces amours
Qu'il les va regrettant tousiours,
Et que ce pappier les luy conte.

Qu'il luy fasche de seiourner,
Il veut soudain s'en retourner,
Diane & amour le commandent,
Faison (dict=il) faison retour
A l'heureux paradis d'Amour,
Où tant de faueurs nous attendent.

Il diſt, & les yeux s'eſſuyant,
Le dos à vn arbre eſpuyant
De ſa houlette vn bout en terre,
D'vne jambe il croiſa le bas
Et l'autre bout auec le bras,
Sous l'eſpaule courbe il enſerre.

D'autant que le prudent Berger
Vit reuenir le Meſſager
Et bien que ſeul il le voit eſtre,
Si veult=il ſon mal luy celer
L'amour ſe doit diſſimuler,
Le non traiſtre amour, eſt vn traiſtre.

Le Meſſager luy dict à lors
(Sireine) que fay=tu dehors,
Ton ennemy chez toy t'outrage,
Chez toy puis qu'on te veut oſter
Ce que ſeul tu peux meriter,
Retorne donc ſi tu es ſage.

(O Berger) Diane par moy,
Te mande qu'à iamais ſa foy
Pour toy ſera bien eternelle
Et telle qu'elle t'a promis,
Mais ſi ſes parens ennemis
La forçent, quelle erreur faict=elle?

Iuge combien peut contre tous,
D'vne mere l'aspre courroux,
Et la violence d'vn frere,
La malice du medisant,
Et ce, que chacun va disant,
Puis iuge ce, qu'elle peust faire.

A sa mere desobeyr,
Le courroux fraternel fuyr,
Peut estre encor seroit faisable,
Mais en tous lieux s'ouyr nommer,
Voila celle, qui veut aymer?
O Dieux! il n'est point supportable.

Et à fin de t'en aduertir,
Ta Diane m'a fait partir,
(Berger) ne soy moins amant qu'elle,
Si elle eust pû venir soudain,
O comme elle eust faict le chemin,
Que ce penser te serue d'ayle.

Auec quel glaiue de rigueur,
(Messager) blesse=tu son cœur,
Il fut contraint s'assoir en terre,
Et ne parler de quelque temps,
Ses pensers entre eux combattans,
Faisoient en luy trop rude guerre.

En fin, quand il luy pûſt parler,
Où ſont tant de ſerments en l'ayr!
Où ſont ces larmes eſpanduës!
Ces paroles (dict=il) de vent,
Dont elle m'alloit deceuant,
Et ſa foy ſont=elles perduës?

Doncques Diane à le pouuoir,
Par toy de me faire ſçauoir,
Qu'elle n'eſt pas bien aſſeurée?
Ny bien aſſuré ſon amour?
Ah! qu'elle ait memoire du iour,
Que ſi ferme elle l'a iurée.

Iamais, me dict=elle, parents,
Contre moy deuenu tyrants,
Ny mere plus qu'ourſe cruelle,
Ne pourront mon amour changer,
Toutes choſes courent danger
Du changement, mais non point elle.

Comment Cupidon permets=tu,
Tant de beauté, tant de vertu,
Couurir vn eſprit ſi volage?
Eſt=ce pour monſtrer en effect,
Que tout ce qui ça bas ſe faict,
N'eſt en fin, qu'imparfaict ouurage?

Cesse, ô trop desloyal penser,
Cesse desormais d'offencer
Celle, qui est parfaicte, & belle;
Si elle change, cet' erreur
Procede helas! de mon mal'heur,
Non de deffaut, qui soit en elle.

or bien amy tu t'en yras,
Et de ma part tu luy diras,
Que ceste peur qu'elle a si grande,
Est presage de mort en moy;
Ie ne veux suruiure sa foy,
Que changeant, ma mort elle attende.

Dy luy, qu'elle ait deuant les yeux,
De quel iuste fouldre les Dieux,
Punissent vne foy parjure;
Qu'vn frere peust se courroucer,
Mais, qu'il ne sçauroit la forcer,
D'aller contre ce, qu'elle iure.

Et que des traicts du mesdisant,
Il n'y a personne d'exempt
Diane la chaste Déesse,
Pour le gentil Endimion,
Sçeut combien vne opinion,
Auec la medisance blesse.

Mais, qu'vn amour eſt bien douteux
Qui du nom d'amour eſt honteux,
Et que tout ce qu'elle m'oppoſe
Pour la mettre elle, & moy auſſi
En vn perpetuel ſoucy,
Eſt ce me ſemble peu de choſe.

Que puis, qu'elle le veut ſoudain
Ie me remettray en chemin,
Iamais ie n'auray choſe chere
A l'eſgal de ſa volonté,
A l'impoſſible eſt l'imité
Le vouloir, que i'ay de luy plaire.

Mais! qu'à tes diſcours ie voy bien,
Que pour moy ie n'aduance rien
Sinon de me haſter d'entendre,
Combien peu conſtante eſt ſa ſoy,
Et qu'vn autre heureux plus, que moy,
Prend le bien, que ie deurois prendre.

S'il aduient, de ma part, dy luy,
Que d'vn eſprit comblé d'ennuy,
D'vne ame de deſeſpoir pleine,
Entre tes mains ie fay ſerment
Ne croire iamais qu'vn amant
Soit mieux trahy, que ſon Sireine.

Le Meſſager le voyant ſeul
Prudent pour alleger ſon deul,
Penſa, qu'il ſeroit bon luy dire
Combien ſa Diane l'aymoit,
Et qu'à grand tort il la blaſmoit,
Au lieu de plaindre ſon martyre.

Sireine (dict=il) de ſa foy
Ne doute non plus, que de toy,
Pour toy ſeulement elle pleure;
Pour toy luy ſont chers les plaiſirs
Et ſi elle a quelques deſirs,
C'eſt de te reuoir à toute heure.

Mille fois ie l'ay veu pleurer,
Mille fois amour adiurer
Ou de te ramener à ellé,
Ou elle à toy, que s'il ne peuſt,
Abſent au moins, qu'elle te ſçeut,
Fidele autant, qu'elle eſt fidele.

O quelle la vis=ie à l'abort !
Elle eſtoit ſeule ſur le bort
De la viue, & claire fontaine,
Qui prend des aliſiers ſon nom,
Prés d'elle, il n'y auoit ſinon
Ses penſers, & en eux (Sireine.)

Aux yeux,des larmes vne mer,
Au cœur, vn poiſon plus amer
Que n'eſt le plus amer abſynte,
Ie vis, ô pitoyable voir !
Qu'en terre elle ſe laiſſa choir,
Comme vne fleur du chaut atteinte.

Lors ſes yeux l'onde accompagnant,
I'ouys ſa voix,ainſi plaignant,
O abſence cruelle abſence !
Si tu es la mort des amours,
Pourquoy doy=ie pleurer touſiours,
Sans que i'eſpreuue ta puiſſance ?

N'ay=ie pas de l'amour en moy ?
Ne ſuis=ie obiet digne de toy ?
Et amour n'eſt=il pas mon maiſtre ?
Helas ! ſi ſuis-ie toute en feu,
Et mon amour n'eſt point ſi peu,
Que plus grand vn autre puiſſe eſtre.

Ne faut=il,que du deſplaiſir ?
Et où s'en pourroit=il choiſir,
Quelqu'autre,qui fuſt plus extréme,
Ou,qui euſt en ſoy plus d'amer ?
Faut=il infiniment aymer ?
Helas ! ie ne vy pas,où i'ayme !

Ah ! ton coup contre moy ne peut,
Et c'est parce qu'amour ne veut,
Qu'vn autre ame guerir s'appreste
Que l'autheur de ma paßion,
C'est la playe du scorpion
Qui se guerit, par qui l'a faicte.

Si mon bleßeur me doit guerir,
C'est à toy qu'il faut recourir
(Sireine) quand le mal me preße
Autre que toy n'a pû (Berger)
Ce nouueau Telephe outrager,
Qui recourt au fer qui le bleße.

Mais ores que tu es si loing,
Combien tardif est au besoing
Le salut de telle bleßure !
O ame de peu d'amitié,
Veux=tu guerir sans ta moitié ?
Sçais=tu pas que Sireine endure ?

Helas ! ie sçay qu'il va souffrant,
Que sans mourir il va mourant,
Et que sans plus i'en suis la cause,
Aussi de ce cruel penser
Ie me sans plus fort offencer,
Que non point de toute autre chose.

Comme le chaſſeur eſcoutant,
Ie ſçay qu'à toute heure il attend
S'il n'aura point de mes nouuelles;
Et ie ſçay, qu'au lieu où il eſt,
Tout ce, qu'il y a luy deſplaiſt,
Sinon, que ſes penſers fidéles.

Et moy ie puis vouloir guerir!
Et moy ie puis vouloir mourir!
O foible amour! ô foible flamme!
Tout ainſi, que le feu n'eſt grand,
Que d'amortir l'on entreprend,
Ny l'amour dont guérit vne ame.

Ah! meure doncque ce deſir,
Deſormais ie ne veux choiſir
Qu'en mes larmes tout mon remede,
Ie ſçay bien, qu'il me plaint de-là
Et luy cederay=ie en cela,
Si en amour ie ne luy cede?

Pour quelque temps elle ſe teuſt,
Puis comme ſi de l'œil elle euſt
Remarqué choſe qui luy faſche:
La main elle met ſur les yeux
Et ſemble cacher à ces lieux
Leur ſoleil, quand elle les cache.

L'eau ſous la main luy deſcendoit,
En quoy lors ſon cœur ſe fondoit;
Ainſi l'eau, & le feu enſemble,
L'eau du cœur, le feu de ſes yeux,
D'vn artifice ingenieux,
Amour, en ſon viſage aſſemble.

En fin d'vn ſouſpir eſlancé,
Mais las! qui euſt iamais penſé
(Dict=elle) que choſe ſi douce,
Que l'amour euſt eu tant d'amer
Comme ie reſſens pour aymer!
Le calme en l'orage nous pouſſe.

Comment eſt=ce, que tu conſens,
Amour, a l'ennuy que ie ſens?
Et ſi tes forces ſont ſi grandes,
Comment ſouffre=tu, qu'autre Roy,
Veüille faire obſeruer ſa loy
Dedans le cœur où tu commandes?

Et toutefois, voicy l'honneur,
Qui comme vn outrageux ſeigneur,
Me commande que i'obeyſſe
Au vouloir de tous mes parents,
Honneur, tes pouuoirs ſont bien grands!
Mais faut=il, qu'amour y fleſchiſſe?

Pendant qu'elle parloit ainsi,
Le deul luy fronçoit le sourcy,
Le pleur la priuoit de lumiere,
Les sanglots, la voix luy ostoient,
Et tous ensemble desbatoient,
Qui auroit la place premiere.

Que si tu l'eusses veu (Berger)
Tu n'eusses craint que de changer
Elle eust eu iamais quelque enuie;
La pitié plustost eust atteint
Ton cœur esmeu, qu'il n'eust pas craint,
Qu'vn autre amour te l'eust rauie.

Mais plus si des regrets naissants,
Tu eusses ouy les accents
Et sa voix souuent retenuë;
Elle qui souloit en son œil,
Porter plus d'esclairs, qu'vn soleil,
Alors n'y auoit, qu'vne nuë.

Depuis, que ses pleurs escoulez,
Eurent ses beaux yeux deuoilez,
Ainsi, qu'au trauers d'vn nuage,
Le soleil de nouueau reuit,
Assez prés d'elle elle me vit,
Pour voir des pleurs sur mon visage.

Toy

Toy (dict-elle) qui viens ouyr
Ce que tout autre doit fuyr,
Puis que tu vois, quelle est ma peine,
Puis que iusqu'icy mon mal'heur
Semblé auoir esmeu ta douleur,
Dy-moy si tu cognois Sireine?

Diane (dy-ie) ie cognois
Sireine & l'ay veu mille fois,
Et bien qu'il ne me recognoisse,
Ie sçay ton amour, & sa foy,
Et combien son cœur loing de toy
Couue, pour toy seule, d'angoisse.

Petit enfant ie l'ay nourry,
Et ne fus oncques si marry,
Que le sçachant loing de ma femme,
Ie l'aymois plus que tous mes biens,
Plus qu'vn pere n'ayme les siens,
Plus encor, qu'on n'ayme son ame.

Depuis le reuoir ie n'ay pû.
Mais par vne Nymphe i'ay sçeu,
Qu'elle est loing de toy son absence,
Ceste Nymphe me racontoit
Qu'vn Berger icy l'escoutoit,
Quand il esloigna ta presence.

D

Puis (dict=elle) que tu ſçais tant,
Du mal, que ie vay regrettant,
Si la pitié eſt aſſez forte,
Ie t'adiure par la pitié,
A ſon deffaut par l'amitié,
Si toutesfois elle n'eſt morte.

D'aller où mon Berger, helas !
Meurt pour moy de mille treſpas,
Et luy dire, qu'il ſe diſpoſe
De ſ'en reuenir au pluſtoſt,
Et que ſ'il ne le faict, il faut
Qu'il deſeſpere toute choſe.

Vn Delio, qu'il cognoit bien,
Eſt pour luy ſouſtraire ſon bien,
Non, qu'à mon vouloir il aduienne :
Ah ! ſoit le ciel de feu couuert,
Et l'enfer pour moy ſoit ouuert
Auant que ie ſois iamais ſienne.

Mais helas ! ma mere le veut,
Et qu'eſt=ce, qu'vne fille peut ?
Combien facilement ſe tache,
Pour peu ſa reputation ?
Que ſ'il m'a de l'affection,
Peut=il eſtre qu'il ne s'en faſche ?

Ie ſçay que ſon pere au rebours
N'eſt point contraire à nos amours,
Ie ſçay que ſa mere deſire
De voir quelque concluſion
A noſtre longue affection,
Et qu'eſt=ce donc qui l'en retire?

Helas! aura=il bien le cœur
De me ſçauoir par la rigueur,
D'vne mere ſacrifiée
Sur l'autel de mille regrets,
(Berger) dirat=on pas aprés,
Qu'atort ie m'eſtois trop fiée?

Pourat=il (ſ'il a ſçeu aymer)
Souffrir ce qu'il ſouloit nommer
Les Paradis de ſa Diane,
Son bien, ſes delices, ſon mieux
Eſtre dans vn lict, ô grand Dieux!
Soüillez par vne main profane.

S'il n'en meurt au premier abort,
Ie croiray, ſans luy faire tort,
Qu'il n'a point d'amour, ou point d'ame:
C'eſt faute d'amour, ou de cœur,
De voir, ſans mourir, qu'vn vaincœur
Triomphe arrogant de ſa dame.

Pour mon ſoulagement en fin,
Ie t'adiure, ſi mon deſtin
Veut qu'vn ſi grand mal'heur m'arriue,
De luy dire, que ie ſçay bien
Que tout le mal, en ſera mien,
Mais le plus grand, c'eſt que ie viue.

Là mille trop cuiſants regrets,
Ces propos ſuyuirent de près,
Que taire il luy fuſt impoſſible,
Berger, helas, qui l'euſt pû voir,
Sans de ſa pitié s'eſmouuoir,
Euſt eſté ſans doute inſenſible.

Doncques, Sireine, mon enfant,
Ne va ton eſpoir eſtouffant,
La conſtance de ta Bergere
N'eſt ſubjette à legereté;
Quand amour vaincœur a eſté
Dedans vne ame, il n'en ſort guiere.

Sireine ouyant la douce voix
De ce Berger, qui autrefois
L'auoit nourry en ſon enfance :
Luy ſaute au col, & à l'abort
Fut raui d'vn ſi grand tranſport,
Qu'il ne ſonge au mal, qui l'offence.

L'ennuy, pour vn temps, oubliant,
Des bras à son col se liant,
La bouche iointe à son oreille,
Et sur son estomach panché,
D'affection, semble attaché,
Et que l'amour s'en esmerueille.

Donc (disoit Amour) est-ce ainsi
Que tu mesprises le soucy,
Que tu dois auoir de ta peine ?
(Sireine) ie m'en vangeray,
A ton retour ie m'enfuiray
Rendant ton esperance vaine.

Pendant le pere nourrißier,
Qui se sent tendrement lier,
Des bras de cet enfant qu'il ayme,
D'vne semblable affection,
Noüe des siens ceste vnion,
Tremblant d'vn aise trop extréme.

Trois fois Sireine l'embraßa,
Trois autres à luy s'enlaßa,
Auant qu'vne seule parole
Il pûst former en ce plaisir :
Ne sçachant, qu'elle il doit choisir,
Pour dire le mal qui l'affole.

D iij

En fin , ſ'en eſtant retiré,
Apres l'auoir conſideré
Quelque temps,il luy diſt mon pere,
(Tel nommer par raiſon ie dois,
Qui ma conſerué par deux fois)
Ie veux tout ce, qui te peut plaire.

En tes ſages mains ie remets
Ma vie, & ma mort deſormais :
C'eſt en toy ſeul que ie m'aſſure,
Ie me deſcharge deſſus toy
De tous mes ſoucis,& pour moy,
Ie-ne garde, que ma bleſſure.

Mais ne croy pas (ſage paſteur)
Que ie n'aye ſubjeſt de peur,
Tant inconſtantes ſont les femmes
Qu'EZla rouleZ à grands monceaux,
N'a tant de ſablons dans ſes eaux,
Que d'inconſtance eſt dans leurs ames.

Mais puis, que l'amour a permis,
Qu'entre tes mains ie ſois remis,
Il veut encores,que i'eſpere,
Et toy par le ciel deſtiné
A me nourrir à peine né,
Plus grand encor',ſers moy de pere.

Le bon vieillard la larme aux yeux,
Mon enfant (dict=il) que les Dieux
Disposent ores de ma vie,
Puis qu'encor i'ay eu le pouuoir
Te voyant (mon enfant) de voir,
Ce dont i'ay eu le plus d'enuie.

Et puis, que tu le veux ainsi,
Ie prendray doncques ton soucy,
Quoy, que la charge en soit pesante,
Mais en ta Diane, il ne faut
Croire aucun amoureux deffaut,
Moins belle, que fidele amante.

Que si tu veux sans passion
Considerer l'affection
Que tu as recognuë en elle,
Tu iugeras bien aysément,
Que Delio n'est pas amant
Qui la puisse rendre infidele.

Tu luy sembles beau, tu le sçais,
Auec peut estre trop d'excez,
Et Delio est si estrange,
Qu'amour ne s'y sçauroit loger,
Comment croiras=tu donc (Berger)
Que pour luy Diane te change?

Efface, efface ce penfer,
Afin de plus ne l'offencer,
Et croy fon amitié fi forte,
Que la pauurette a plus d'ennuy,
De te perdre & fe voir à luy,
Que de te perdre, & d'eftre morte.

Fay luy refponce ce pendant,
Pour la contenter, attendant
D'obtenir congé de ton maiftre,
Ainfi tu feras ton deuoir
Leur faifant à tous deux fçauoir
Qu'obeyffant, tu leur veux eftre.

Doncques leur retour refolu,
Sireine ayant encor relu
De fa Diane l'ordonnance,
Luy faict refponce, mais trois fois
La plume luy tumba des doigts,
Comme attaint de quelque impuiffance.

Puis la reprenant en la main
En diuers fubjets incertain,
Cent fois recommence fa lettre,
Ores il defapreuue vn mot
Et puis le remet auffi toft,
Au mefme lieu qu'il fouloit eftre.

Comme deſſus le flot tortu,
On voit diuerſement batu,
Le vaiſſeau par vn grand orage;
Maintenant voler bien auant,
Puis, forcé d'vn contraire vent,
Reuenir au meſme riuage.

Ainſi, pouſſé de paſſion,
Sireine plein d'affection
Eſcrit beaucoup, & puis le raye:
En fin ayant recommancé,
Reſcriuant ſouuent l'effacé,
Ne fait, que r'animer ſa playe.

Car la bleſſure qu'il reſſent,
Iamais ſentible ne conſent,
Sans douleur d'eſtre retatée:
De ſorte, qu'au lieu de ſonder,
C'eſtoit pluſtoſt la profonder
Et la rendre plus irrittée.

Fin de l'abſence de Sireine.

D v

LE RETOVR DE

Sireine.

LIVRE TROISIESME.

VN doux vent refrisoit la mer
Qui l'empeschoit de se calmer,
Et dedans la voile legere
Faisant vn aggreable effort,
Promptement esloigna du port
Le triste amant & sa galere.

A reins courbez les Matelots,
De rames sillonnoient les flots
Ce pendant sur la mer voutée,
Le vaisseau qui gemit dessous
L'effort commun, se pleint aux coups
Dont la vague estoit tourmentée.

D vj

L'onde rompuë à l'énuiron,
Blanchit d'escume l'auiron
Et à menus tortis se roüe,
Apres le vaisseau qui s'enfuit,
Tout à l'entour on oyt le bruict
Des flots outragez à la proüe.

Vn train d'escume va deuant,
Quelque temps le soufle du vent
A bouillons sur la vague fole,
Et puis surpris des tourbillons
Creuant en cent parts ses bouïllons,
Auec eux parmy l'ayr s'enuole.

Cependant l'amoureux Berger,
Qui ne peut qu'en son mal songer
Couché de long sur la corste,
Leue les yeux moiste de pleurs,
Et va parlant de ses mal'heurs,
Comme il plaist à sa fantaisie.

Vous Zephirs qui me ramenez
(Disoit=il) n'estes=vous point nez
Des soufirs, enfans de la plainte
Que ie suis allé si souuent
Despuis mon despart conçeuant,
D'vne ame de regret enceinte.

Vous voiles, que ie voy groſsir
Du vent qui s'y vient eſpeſsir,
Comment auez-vous le courage
De m'emporter ſi promptement,
Où ie dois mourir du torment,
Qu'à produit mon premier voyage.

Toy veſſeau, qui du vent pouſſé
Sillonnes le flot courroucé
D'vne hazardeuſe careine,
Tu ne ſouffres point tant de coups
Du vent, ny du flot en courroux,
Que d'ennuis ſupporte Sireine.

O vagues qui vous tourmentez
Ce pendant que vous nous heurtez,
Dictes moy, n'eſtes-vous point celles
Qui jadis d'vn flot aboyant
Allerent Leandre noyant,
D'amour ennemies mortelles.

S'il eſt vray que vous les ſoyez,
Haſtez-vous ondes & noyez
Vn amour beaucoup plus ſincere
En noyant ce triſte Berger,
Mais ce ſeroit le ſoulager,
Vous n'auez garde de le faire.

Ainſi l'amour parlant en luy
Alloit rengregeant ſon ennuy,
Et du fer qui luy fit l'iniure
La playe meſme rentre-ouurant,
Mettoit le glaiue plus auant,
Feignant de guerir ſa bleſſure.

Son regret encor qu'importun
N'euſt ſi toſt finy, ſi quelqu'vn
N'euſt nommé Diane & Sireine,
Ces noms l'eſueillent en ſurſaut,
Sçachant bien pour certain qu'il faut
Qu'on veüille parler de ſa peine.

Donc retenant l'eſprit craintif
Aux diſcours qu'il oyt attentif,
Il entend que dedans la pouppe
Chacun curieux eſcoutoit,
Hormis le patron qui contoit
Sa fortune à toute la trouppe.

Ce patron eſtoit curieux,
Qu'aux paſſants fut moins ennuyeux
Le chemin, qui ſemble de croiſtre,
Et lors leur faiſoit le diſcours
Qu'il auoit apris des amours
De Sireine, ſans le cognoiſtre.

Quoy que Bergere (disoit-il)
Elle a vn esprit si gentil
Qu'il ne ressent rien du vilage,
Elle est belle, mais en effect,
C'est en elle le moins parfaict
Que la beauté de son visage.

Ces deux amants ont fort long=temps
Ensemble vescu bien contens,
Et ont par leur prudence sage
Les plus clair=voyants aueuglez,
Couurant en leur desirs reglez
L'amour dessous le parentage.

Mais, Sireine partit en fin
Par l'ordonnance du destin,
Qui ne voulut qu'en sa presence
Vn voleur son bien luy rauit,
Ny que s'il le perdoit qu'il vit
L'offenceur luy faisant l'offence.

Ce fut à cet esloignement
Que prist naissance le tourment,
Qui tant de pleurs leur fist respandre :
Car Delio riche Berger
Prés d'elle se venant loger,
S'en laissa par mal'heur surprendre.

Ce Berger riche n'auoit rien
En soy d'aymable que son bien,
Nature pleura sa naissance,
Et l'astre qui la regardoit,
Luy versa tout ce qu'il gardoit
D'imparfaict en son influence.

Pour estre à Diane donné
Ce Delio fut destiné,
Ce crois-ie, pour faire paroistre,
Qu'aux ordonnances de là haut
La raison des hommes deffaut,
Et n'y a rien à recognoistre.

Lors que la Bergere le sçeut,
Quel fut l'ennuy qu'elle reçeut!
Quels les discours de sa pensée!
Quelles les larmes de son œil!
Et quels les propos que le deuil
Tira de son ame offencée.

Veüille amour (disoit-elle) amy,
Que morte ie tombe parmy
La trouppe des chastes pucelles,
Quand la main de ce rauisseur
Pour se voir de moy possesseur,
Osera m'enleuer d'entr'elles.

Iamais ne permette l'amour
Que ie voye esclairer le iour,
Ou ma cruelle destinée
Dans son infaillible dessein
Ordonne qu'vn si grand larcin
Soit faict, sous le nom d'hymenée.

Le lict nopcier soit mon tombeau,
Et que le desastre flambeau
Qui doit brusler à telle nopce,
Soit le flambeau qui reluira,
Quand morte l'on me portera
Le mesme iour dedans la fosse.

Ainsi la Bergere plaignoit
Le mal prochain qu'elle craignoit,
Mais quand elle en fut asseurée,
Et qu'elle sçeut que dans la main
De Delio, le lendemain
Diane seroit deliurée.

Amour que ne dict-elle pas!
Et qu'elle sorte de trespas
A soy=mesme ne cherchent-elle!
Pour mourir tout luy semble bon,
L'aspic, le fer, l'ardent charbon,
Hardie à son secours appelle.

   Mais ne pouuant à son vouloir
De telles morts se préualoir,
Trop bien gardée en ceste peine,
Resout par les soufflets du cœur
Ne plus allentir son ardeur,
Et s'estouffer faute d'aleine.

   Mais amour qui veut en son cœur,
Paroistre tousiours le vainceur
Vient ceste mort luy contredire,
Et luy contant ses desplaisirs
La force mesme à des souspirs,
Desquels il faut qu'elle respire.

   Ainsi donc ne pouuant mourir
Ny tant de miseres souffrir
L'ennuy luy changea le visage,
Et d'vn tel chagrin le remplit
Qu'au lendemain ne s'accomplit,
Le dessein de ce mariage.

   Car chacun, voyant la couleur,
Dont la peignoit l'aspre douleur
Qui la rendoit passionnée,
La iugeoit bien estre plus prés
D'auoir du funeste Cyprés,
Que du Myrthe en son Hymenée.

Mais de huict iours le reculant,
Ce n'eſtoit que rendre plus lent,
Son treſpas, non la rendre ſaine,
Et c'eſt (ce me ſemble) auiourd'huy
Le iour fatal de ſon ennuy,
Si ma memoire, eſt bien certaine.

Auiourd'huy ſurprent tranſporté
L'amant qui l'auoit eſcouté,
Donc auiourd'huy eſt la iournée
Où tous mes eſpoirs ſont perdus ?
A ces mots à coup entendus,
Toute la troupe ſ'eſt tonrnée.

Lors tranſporté roüant les yeux
Hagard & preſque furieux
D'vn regard de mort effroyable
En diuers endroits regardant,
Enfin en ſa furéur ardant,
Il dict de voix eſtouuentable.

Iniuſte ciel tu ne peux pas
Au moins me nier le treſpas,
Quoy que d'autre bien tu me priues,
Puis, il dict, regardant la mer,
Ie meurs (Diane) pour t'aymer,
Veüille, amour, que tu ne me ſuiues.

A ces derniers mots d'vn plein sault,
Transporté, se iette d'enhault
Dans l'onde qui soudain regorge,
L'eau iaillit, & mille tortis,
Roüant au tour sont engloutis
Dedans l'abysme de sa gorge.

Vn cry d'effroy de bout en bout,
Dans le vaisseau courut par tout,
Chacun en deuient froid & pasle,
On ne le voit plus, car autour
L'eau qui replisse de maint tour,
Dés-ja dans son gouffre l'auale.

Tous ceux qui virent ce Berger,
En cet effroyable danger
Pitoyables y accoururent,
(Plusieurs d'entre eux sçauoient aymer)
Si bien que se iettant en mer
Auec l'esquif le secoururent.

Que si son amoureux flambeau
Eust pû s'esteindre dessus l'eau,
Heureux trois fois, heureux naufrage,
Mais helas! ce fut au rebours,
Puis qu'apres auoir eu secours
Son feu s'aparut d'auantage.

Il demeure long-temps paſmé,
Semblant vn tronc inanimé,
Paſle & froid ſans poux ny haleine,
L'eau de la bouche luy ſortoit,
Et ſon poil autour deſgouttoit
En mainte ſource de fontaine.

Quand ſes eſprits furent remis,
Helas (leur dict-il) mes amis,
Eh! qu'eſt-ce que vous penſez faire,
Vous croyez m'oſter au treſpas
Me ſauuant, & ne voyez pas
Que vous me faictes le contraire.

Eſtant reduict en vn tel poinct,
Que mon ame ne viura poinct
Que ie ne perde ceſte vie;
Vie qui eſt ma ſeule mort,
Donc par pitié tous d'vn accord
Faictes qu'elle me ſoit rauie.

Là muet d'vn penſer profond,
On luy voit repliſſer le front,
Fronçer le ſourcil, & l'œil ferme
En vn lieu tenir arreſté,
Et puis, tout à coup tranſporté,
Voicy (dict-il) voicy mon terme.

Voicy le terme de mon cours,
Ce iour doit annuiter mes iours,
Et c'eſt en vain que ie le pleure:
Mais pourquoy n'auez-vous permis
Aſtres malins, mes ennemis
Que ma mort le préuint d'vne heure?

Voicy donc le iour mal'heureux,
Où mon deſtin trop rigoureux
A limité toute ma ioye,
Doncques mon eſpoir eſtouffant,
C'eſt auiourd'huy que triomphant
Vn volleur emporte ma proye.

Doncques aux rayons du flambeau,
Qui deut le mener au tombeau,
Auiourd'huy Diane eſt menée
Les cheueux couronnez de fleurs,
Mais ſans doute l'œil plein de pleurs
Aux loix d'vne iniuſte hymenée.

Faut=il ſans que ie meure ! ô mort
Que ie ſupporte vn ſi grand tort,
Faut=il qu'on rauiſſe ma dame
Et encor pour plus de rigueur,
Faut=il que ie viue ſans cœur,
Et qu'vn autre corps ait mon ame?

Ces propos de pitié touchoient
Les cœurs plus durs qui l'aprochoient,
D'vne compaßion si forte
Qu'il n'y auoit autour de luy,
Ce pendant qu'il parloit, celuy
Qui ne la sente en quelque sorte.

A tant Lerine au beau seiour
S'alloit reculant d'vn grand tour,
Et dés=ja les rudes stecades
Monstroient de loing leur rochers nu
Rochers aux ancres incognus
Pour leur trop difficiles rades.

Le vent qui la voile empliſſoit,
Et l'onde en l'onde repliſſoit,
Pendant que d'ire elle bouillonne,
Faict faire au vaiſſeau tel chemin,
Que dés=ja sur la droicte main
Blanchit l'isle de Magelonne.

Apres derriere la laiſſant,
Agde s'en vient apparoiſſant
Sur la poincte en mer aduancée,
La vieille Narbonne de loing
Se monstre encloſe en vn recoing
Qui fut bien tost oultrepaſſée.

Dés=ja commençoit d'approcher,
Leucate & le pointu rocher
Qui finit les monts de Pireine,
Où fut le temple de Venus,
En fin les borts sont recognus
Du Tage riche en son areine.

Alors l'empoule dans la main,
Le forçat lassé du chemain
Se voyant au bout du voyage
Et que l'ancre se va ietter,
De cent Iô faict esclatter
Les replis, du proche riuage.

Sans plus Sireine dans le cœur,
Sent augmenter l'aspre rigueur
De ce mal que le temps n'alege,
Et plus il approche des lieux
Autrefois si delitieux,
Et plus son ennuy se rengrege.

Chacun dessus le bort de l'eau
Aloit descendant son fardeau,
Mais quoy que Sireine n'emporte
Que sa houlette dans la main!
Son faiz toutefois inhumain
Luy pése bien d'vne autre sorte.

Alors

Alors les ombres allongeant,
Le iour dans l'eau s'alloit plongeant
Pour donner relasche à la peine,
Sireine pressé du desir
Ne pouuoit se donner loisir,
Presque de prendre son haleine.

Il accusoit son pied trop lent,
Souuent paresseux l'appellant
Encor qu'au trespas il le porte,
Le retardement luy desplait,
Et semble qu'en sa mort il ayt
Quelqu' espoir qui le reconforte.

En fin pour ne se perdre pas
Parmy la nuict, non qu'il fut las,
Il recherche quelque retraicte,
Et iettant l'œil de tout costé
Voit sur vn rocher escarté,
Ce luy sembloit vne logette.

Ce roc diuersement pointu
Du vent à toute heure battu,
Estoit le rempart du riuage,
Dans la mer son dos aduancé
Ne craignoit le flot incensé
Qui s'y rompoit à coup d'orage.

E

En ce lieu les peſcheurs ſouuent
Oyſeus pour le courroux du vent,
Se repoſoient deſſus des ſieges
Taillez dans le creux du rocher,
Ce pendant qu'ils voyoient ſeicher
Au bort leurs filets & leurs lieges.

Sireine que l'ennuy pourſuit,
Y va pour y paſſer la nuict
Qui eſtendoit dérja ſes voiles,
Entre les hommes & les Dieux,
Faiſant rouler parmy les cieux
Son chariot ſemé d'eſtoiles.

Quel fut le repos du Berger,
L'amant ſeul le pourra iuger
S'il a eu ſa douleur premiere,
Tant y a que le iour reuint
Auant que ſon œil ſe ſouuint
De clore ſa moiſte paupiere.

Et ſur le point que du Soleil,
L'aurore annonçoit le reſueil
Au chemin haſtif il s'appreſte,
Mais au meſme temps qu'il ſortoit,
Il ouyt vne voix qui chantoit
Au ſon d'vne triſte muſette.

D'abort, parce qu'il luy sembla
De la cognoistre, il se troubla,
Et lors qu'il la pû mieux entendre,
Il cogneut Siluan son voisin
Qui chantoit proche de sa fin,
Comme vn Cygne au bort de Meandre.

Le Berger Diane adora,
Mais iamais il ne retira
Que toute extréme rigueur d'elle,
Toutefois tel estoit son cœur
Qu'il n'y eust sorte de rigueur,
Qui le luy pûst rendre infidele.

Touchez d'vn semblable soucy
Sireine & ce Berger aussi,
Quoy que riuaux pour mesme dame,
Estoient toutefois bons amis,
Sans que iamais Discord eust mis
Ses feux parmy leur douce flame.

Mais Sireine estoit bien aymé,
L'autre, encor que fort estimé,
N'auoit d'amour que le martyre,
Souuent le merite en l'amant
Est le plus grand empeschement
Pour obtenir ce qu'il desire.

A ce coup quand Siluan le vit,
Et quoy (dict=il) Sireine vit!
Il respire encores la vie!
Ah ! il est mort, mes yeux au moins
Ont esté les tristes tesmoings
Que l'ame l'on luy à rauie.

Sireine à ces cruels propos,
Fut contraint s'appuyer du dos
Contre vne pointe de la roche,
Et l'a cruellement battu
Du message qu'il auoit eu,
La vie mesme il se reproche.

Puis peu à peu se laisse choir,
Comme vne rose sur le soir
De l'ardent midy desseichée,
En cet estat il ne parla
Pour vn temps, mais en fin il a
Sa voix en tels mots desbouchée.

Cet œil qui pleuroit au partir,
Ce pleur qui brusloit au sortir,
Ce cœur qui mouroit de l'absence,
Ces sermens si souuent iurez,
Sont=ils contre moy coniurez,
Pour faire vne si grande offence?

Doncques les larmes de cet œil,
Doncques les ardeurs de ce deüil,
Doncques la crainte de ceste ame,
Doncques les liens de la foy,
Ne sont que pour monstrer en moy
Combien volage est vne femme!

O œil d'amour estincellant,
O pleur né d'vn amour bruslant,
O peur signe d'amour extrémé!
O serment que chacun eust creu!
Helas! comment auez-vous peu,
Pleins d'amour, tromper l'mour mesme?

Iamais vn œil ne fut aymé,
Iamais vn amour estimé,
Ny iamais ame idolastrée,
Auec vn dessein plus parfaict
Qu'a esté celuy qui a faict
Naistre mon amour desastrée.

Mais si onc amour a esté
Auecque l'infidelité,
Amour le fut bien auec elle,
Sa bouche iuroit qu'elle aymoit
Et lors sa bouche blasphemoit,
Car son cœur estoit infidelle.

Que ſi vn amour outragé
Fut iamais par le ciel vangé,
Au ciel vengeanſe ie demande,
(Mais non) la peine qui ſeroit
Moindre, l'amour offenceroit,
Et l'eſgale ſeroit trop grande.

Siluan quelque temps l'eſcouta
Et puis de tels mots l'arreſta,
C'eſt aſſez, il ſuffit (Sireine)
Le tribut qu'Amour veut de nous
C'eſt de plaindre & ſouffrir ſes coups,
Tu as plaint, ſouffre ores ta peine.

Helas! reſpond Sireine, Helas!
Ces coups d'Amour ne viennent pas,
Ils ſont (Siluan) de ſon contraire,
Amour a deux mains comme nous,
L'vne (dict Siluan) a le doux,
Et l'autre la poiſon amere.

Berger, ne te ſouuient-il plus,
Combien autrefois tu te pleus
En la faueur qui t'ayt rauie?
Il faut d'vn meſme cœur ſouffrir
La mort à lors qu'il faut mourir
Qu'on a iouy l'heur de la vie.

C'eſt à moy, Berger, qui ne ſuis
Que butte de tous les ennuis,
A qui ceſte plainte eſt permiſe :
Car moy le plus fidelle amant
Qui fut onc, n'eus onc que tourment
Qu'amour à ce coup eterniſe.

Alors Sireine ſouſpirant
Luy reſpond, amant ignorant,
Tu ne ſçais la douleur extréme,
D'auoir gouſté du bien, & puis
Voir changer en plus grands ennuis,
Helas ! pour iamais ce bien meſme.

Tien ouuers quelque temps les yeux,
Contre le Soleil radieux,
Puis en deſtorne ta paupiere,
Tu trouueras tout à l'entour,
Pour toy noircis les rais du iour,
Qui donnent aux autres lumiere.

Mes eſprits long=temps arreſteZ
Aux heureuſes feliciteZ,
Où autrefois ils ſouloient eſtre,
Trouuent qu'vn' eternelle nuict
En quelque part qu'ils ſoient les ſuit,
Maintenant deſcheus d'vn tel Eſtre.

Mais toy Siluan, à qui l'amour
Ne fit onc esclairer le tour,
Des faueurs qu'ores ie regrette,
Ne peux sinon par le penser
Sçauoir combien peut offencer,
La perte que Sireine à faicte.

Mais soient tous ces propos rompus,
Amy Siluan, ne cherchons plus
Qui des deux est plus miserable,
Et contentons nous seulement
Que des deux le moindre tourment
Est à nos cœurs insupportable.

Et s'il te plaist (Berger) me dis
Qui t'a faict laisser tes brebis
Qu'autrefois tu tenois si chéres,
Sireine (respond=il) c'est toy,
Mais ie faux (Sireine) c'est moy,
Non, ce sont nos communs affaires.

Mais que demandes=tu d'ouyr,
Tu deurois plustost t'en fuyr,
Quoy que ce soit tu veux l'apprendre,
Prepare donc plustost tes yeux
A pleurer ton mal ennuyeux
Que tes oreilles à l'entendre.

Siluan ne te soucie point
De raconter de point en point
(Luy respond=il) nostre amertume,
Et croy que mon facheux mal'heur,
M'a tant outragé de douleur
Que mon cœur en a faict coustume.

Puis (dict=il) qu'il te plaist ainsi,
(Sireine) escoute ton soucy
Et comment au mien il s'assemble,
Le sort qui se voulut iöuer
De nous, se pleust à nous noüer
Par nos desirs, tous deux ensemble.

Auant que le iöur rigoureux,
Iour qui nous fut si mal'heureux
La contreignit au mariage,
Et l'a sousmit à vn espoux,
Lequel au iugement de tous
Meritoit moins cet aduantage.

D'extréme douleur insensé,
Ie me vis maintefois poussé
D'estrangler d'vne main hardie
Ce rauisseur de nostre bien,
Sans Diane, il n'y eust eu rien
Qui m'en eust l'ame refroidie.

E v

Mais elle sçachant ma fureur,
Me tansa d'vne telle erreur,
Et puis, voudrois=tu (me dict=elle)
Pour complaire à ta passion
Blesser ma reputation
Auec vne playe mortelle?

Ie luy responds, i'aymerois mieux
(Diane) offencer tous les Dieux,
Que faire chose qui vous fasche,
Mais ne considerez=vous pas
Que ie ne puis sans le trespas,
Souffrir vne offence si lasche.

Il faut (me dict=elle) souffrir
Ce qu'il plaist aux Dieux nous offrir,
Leur resister est impossible,
(Berger)ils peuuent tout là haut
Et puis qu'à la fin il le faut,
Que sert=il d'estre si sensible ?

Doncques sera le bien venu,
Ce Delio (dis=ie) incognu,
Et vous auez bien le courage
Qu'vn homme, mais homme imparfaict
Et qu'à despit nature a faict,
Soit ioint à vous par mariage.

Helas! pourrez-vous supporter
Sans quelquefois vous despiter,
Ces caresses tant estrangeres?
De honte rougiez-vous pas
Si quelquefois entre les bras
Il vous prend parmy les Bergeres?

L'œil baissé d'vn souspir profond,
Premierement elle respond,
Et puis, toute ame raisonnable,
La raison sur tout cognoistra,
Et ceste raison ma rendra
Ce Delio bien cognoissable.

Berger, celle à qui les pas
Commandent, & qui ne peux pas
Leur resister trop impuissante,
Sans doute difficilement
Supportera le changement,
Que la fortune luy presente.

Mais moy, qui de mes premiers iours
Ay voulu me roidir toussiours
Contre ma volonté plus forte,
Ie ne dois craindre que le sort
Me donne iamais coup si fort,
Que ma constance ne supporte

Quand ses amertumes ie boi,
Ie fais au moins ce que ie dois,
(Vas=ie difant en ma penfée)
Et cefte confolation
Guerit par refolution
Mon ame, auffi toft que bleffée,

Par ainfi tout ce que tu dis,
Tous ces maux que tu me predis,
Et defquels ie dois eftre ferue:
Ie les fupporteray, d'autant
Que ie fçay qu'en les fupportant
Les loix de mon deuoir i'obferue.

Doncques Diane, Remeffuieil,
Vous voulez (luy di ie) en fuite
Eftre d'vn Delio la proye,
Qui iamais ne vous a ferui,
Pluftoft fi iufques=là ie,
Qu'à mes yeux, le ciel me fondroye

Mais ie fçay bien que s'en mourir,
Et que iamais ie ne,
L'effect de telles iniuftices,
Permettez au moins fans defdain
Qu'vn feul baifer de voftre main
Paye à ma fin tous mes feruices.

Ces mots purent tant sur son cœur
Qu'il reschaufferent la rigueur
Qui la gelloit de tant de glace,
Mais ce fut à condition
De te dire l'affliction,
Qu'elle auoit de ceste disgrace:

Quoy, dis=ie, Diane, il vous plaist
Que Sireine sçache qu'il est
Aussi bien que moy miserable,
Cruelle il ne vous suffit pas
Qu'il meure, si de son trespas
Auec vous ie ne suis coulpable.

Ce fut à ce coup outrageux,
Que cet esprit si courageux
Fut contraint en fin de se rendre,
Et fallut que ses yeux à lors
Par des pleurs monstrassent dehors
L'ennuy, qu'il ne leur pûst deffendre.

Mais toutefois ayant vescu
Iusques à ce coup inuaincu,
Inuincu, dis=ie, en apparence
(Car ie croy bien que de son cœur,
Ia de long=temps estoit vaincœur,
Et ton amour, & ceste offence.)

Diane qui voulut celer
Ses larmes ne m'osa parler,
Mais d'vne main dans sa pochette
De prendre vn pappier essayoit,
Et ce pendant elle essuyoit
De l'autre, ses yeux en cachettte.

Et tournant la teste à costé,
Prés de toy i'ay trop arresté
(Dict=elle) il faut que ie te laisse,
Et toy prend le baiser permis,
Et puis comme tu m'as promis
Va satisfaire à ta promesse.

Ce pappier pour qui i'ay pleuré
Tu le donneras à Siré,
Et le reste du mot s'arreste
Pris au Palais auec la voix,
Elle part, & moy ie m'en vois,
Sans presque oser tourner la teste.

Mais c'estoit peu que cet ennuy,
Au prix (Sireine) de celuy
Qu'elle eust le iour du mariage,
Et pour moy, ie ne sçay comment
Amour fist qu'vn cœur en aymabt
Pûst supporter vn tel outrage.

Las ! en fin venu le matin,
Où nostre mal'heureux destin
Auoit nostre perte ordonnée,
Aussi tost qu'elle se leua,
Mon bien (dict=elle) s'acheua,
Quand commença ceste iournée.

Que n'allat=elle retardant
Pour s'abiller en attendant
Que ce iour desastre s'escoule,
Mais le retarder estoit vain,
Car ce que ne faisoit sa main,
Plusieurs le faisoient à la foule.

Il est vray que tous ces habis
Qui souloient sur elle jadis
Des beautez accroistre les charmes,
Sembloient de pleurer à ce iour,
Le tort qu'on faisoit à l'amour
Encor qu'on en vit point les larmes.

Amy Sireine ie la vis,
(Tout ce iour=là ie la suiuis,
A fin que mieux ie te redisse
Tout ce qui s'y seroit passé)
Ie la vis d'vn teint effacé,
Comme ceux qu'on meine au supplice.

Mais lors que l'on la vint trouuer,
Pour de sa main mesme approuuer
Les accords de ceste alliance,
Les iambes tremblantes de peur
Et l'extréme tressaut du cœur
Luy en osterent la puissance.

En fin il le falloit ainsi,
Ma mort doncques ie signe icy,
Dict=elle, & en prenant la plume,
Tremblant (Diane) elle escriuit
Amour s'enfuit quand il le vit
Ne laissant que son amertume.

En fin les esclatans haubois,
L'appellerent à haute voix,
Pour dans le temple la conduire
Chacun la presse, il faut aller,
Mais certes ce fut sans parler,
Quoy qu'autour d'elle l'on pust dire.

Toutefois quand elle passa,
Prés de chez toy elle addressa
La veuë deuers ta cabane,
Et les yeux de larmes rougis,
Tu és, dict=elle, encor, logis
A qui souloit estre Diane.

Mais que te vas=ie racontant
Vn mal qui augmente, d'autant
Qu'il est plus vif en la memoire,
Et contente toy de sçauoir
Que l'eus plus de force à le voir
Que de creance pour le croire.

Ie ne pouuois croire en effet
Qu'vn si grand outrage fut fait
A Siluan, Sireine, & Diane,
Sans que les Dieux l'eussent puny,
Mais quoy! le iour estant finy
L'effect ma creance condamne.

Amy ie meurs y repensant
Du mesme glaiue me blessant,
Dont mon ame à lors fut atteinte,
Amour qui te vantes si fort,
As=tu bien pû souffrir ce tort
A quoy le deuoir l'a contrainte?

Les graces dans ce lict, au moins
Ne furent oncques les tesmoins
Des effects de cet Hyménée,
Ny les voyant ensemble nuds,
Iamais le ceston de Venus
N'a leur courtine enuironnée

Sireine escoutant ces propos
Alloit tremblant à tous les mots,
Mais quand il sçeut que sa Bergere
Par l'iniustice du destin
Estoit d'vn autre le butin,
Il parle ainsi plein de colere,

Doncqu' Amour a esté vaincu,
Doncques (Siluan) i'ay suruescu
La perte de mon esperance,
De tels coups demeurer vaincœur,
C'est plustost vn deffaut de cœur
Que non pas effort de constance.

Il dict, & porté de transport
Ne songeant plus rien qu'à la mort,
Part sans la lettre de Diane,
Mais Siluan accourut soudain
Qui là luy remit dans la main,
Et puis retourne en sa cabane.

Sireine à lors se voyant seul,
Se donne tout à faict au deuil
D'vne humeur tant appesantie,
Et si fort troublé qu'il iugeoit
Que tout ce qui ne l'affligeoit,
Fust de son mal vne partie.

Mais pendant que d'esprit perclus,
Plus il pense en son mal, & plus
Il treuue du mal qui l'outrage,
Le vieillard party deuant luy
Et moins retardé de l'ennuy,
Auoit plus hasté son voyage.

Dés=ja l'amoureux messager
Pouuoit asseurément iuger
Les hameaux de chasques villages,
Dés=ja il remarquoit les toigts,
Dés=ja son œil faisoit le choix
Par l'habit presque des visages.

Icy Esla, & ses peupliers,
Là, la fontaine aux alisiers,
Icy la champestre cabane
Des pauures Sireine, & Siuant,
Celle à Delio plus auant,
Où habitoit dés=ja Diane.

Car depuis qu'il estoit party,
Cupidon auoit consenty
Qu'au deuoir se sousmit sa flame,
Et que Diane qu'on vit tant
Aymer vn Sireine constant,
D'vn Delio deuint la femme.

O sable moüuent & leger,
Esprit qui ne sçaurois loger,
Nulle constance dans toy-mesmes,
Mal'heureux qui te veut aymer
Puis qu'on ne sçauroit estimer,
Combien volagement tu aymes.

L'onde suit l'onde promptement,
Plus le vent le vent vehement,
Plus viste encor l'aage suit l'aage,
Le penser les peust deuancer,
Mais l'eau, l'air, le temps, le penser
Sont moins prompts que ton cœur volage.

Ainsi ce Berger ayant sçeu,
Comme Diane auoit reçeu,
Pour espoux autre que Sireine,
Dés-ja son Sireine pleignoit
Pour l'ennuy futur qu'il creignoit
Qu'il deust auoir de ceste peine.

Huict iours estoient dés-ja passez
Que d'oublis non point effacez
Mais d'Hymen estoient les seruices
De Sireine, & que retenir
Encor de luy le souuenir,
C'estoit estre de ses complices.

Les conuiez eſtoient partis,
Les flambeaux eſtoient amortis
Dont le chaſte Hymen on allume,
Dés=ja les inſtruments ceſſoient,
Et toutes choſes finiſſoient
Qu'à des nopces on actouſtume.

Lors que pour plus legerement
Eſcouler ſon aſpre tourment,
Elle ſort du logis champeſtre,
Mais Diane plus ce n'eſtoit,
Car la douleur qui l'abatoit,
Ce qu'elle fuſt, l'empeſchoit d'eſtre.

Ses yeux pleins d'amoureux eſlans
N'eſtoient plus qu'abatus & lents,
L'œillet & le lis du viſage
Eſtoient ternis & ſans couleur,
Et en leur lieu plein de paſleur,
Eſtoit l'ennuy du mariage.

Sa léure l'aymant du baiſer,
Qui ne ſouloit fauoriſer
Que l'amour qui eſtoit extréme,
Eſtant contrainte de toucher
Vn autre qu'elle auoit moins cher,
Eſtoit de regret toute bleſme.

Amour qui souloit desdaigner,
Son cher paphos pour n'esloigner
Les actions de ceste belle,
De loing la regardoit confus,
Mais l'honneur l'en esloignoit plus,
Qu'autre chose qui fut en elle.

Telle la voyant au retour,
Ce Berger cogneut bien qu'amour
Estoit banny de son courage,
Ou que pour le moins la raison
Le tenoit en telle prison,
Qu'il n'osoit monstrer le visage.

Il cogneut bien, qu'helas! en vain
Il auoit fait si long chemin,
Et que morte estoit l'esperance
De pouuoir Sireine sauuer,
Toutefois il veut esprouuer
Tout ce qui est en sa puissance.

Donc à Diane il s'addressa,
Mais elle qui le caressa
A son despart ores changée
Ne deigne le voir au retour,
C'est (peut estre) signe d'amour,
Mais signe d'amour affligée.

Diane (dict=il) si i'ay faict
Vn si long chemin sans effect,
Ie prie le ciel qu'il punisse
Celuy à qui en est le tort,
Non point par vne prompte mort,
Mais auec vn plus long supplice.

Sireine à ton commandement,
Est party aussi promptement
Comme son amour de ton ame,
Mais où vient=il l'infortuné!
Il verra qu'il est ordonné
Que l'oubly soit en toute femme.

A ces mots, la voix il changea
En des souspirs, & abbregea
Les reproches qu'il vouloit faire,
Il vouloit dire, ô sans amour
I'en verray la vangeance vn iour,
Mais! il fut contraint de se taire.

Le Messager en cet instant,
La lettre à la Bergere tend,
Que froidement elle refuse,
Berger (dict=elle) ie ne puis,
Celle que ie fus, ie ne suis,
Que cela me serue d'excuse.

Ainsi qu'vn torrent courroucé
Retenu d'vn bort rehaußé
Quelque temps en ſoy ſe repoſe,
En fin ſes deffences forçant
A l'entour s'en va terraſſant,
Tout ce qui contre luy s'oppoſe.

Ainſi le Berger tranſporté
De la nouuelle cruauté,
Dont Diane Vſoit à Sireine,
Va (dict=il) va ſoule ton cœur
De ſon ſang, & de ta rigueur
Perfide, mais plus inhumaine.

Diane ne luy reſpondit,
Parce qu'elle ne l'entendit
Eſtant partie toute triſte,
Grand force d'vn amour parfaict
Vaincœur, qu'eſt=ce que n'euſt pas faict
Qui Vaincu, toutefois reſiſte.

Ainſi Diane s'en allant
Auec le regret violent,
Que ce reſſouuenir rameine,
Rencontre Seluage en chemin,
Paſſant, elle luy tend la main,
L'œil de pleurs, le cœur plein de peine.

Ceſte

Ceste estrangere n'auoit veu
Sireine, mais auoit bien sceu
L'amour de luy, & de Diane,
Car Diane qui l'aymoit tant,
Souuent la luy alloit contant
Estant seules en leur cabane.

Depuis le despart du Berger,
Elle s'estoit venu loger
Par hazard le long du riuage,
Du doux Ella, pleine d'ennuis,
Où elle & Diane depuis
Ne firent souuent qu'vn mesnage.

Or elle remarquant de loing
Le trouble de Diane, eust soing
De sçauoir si c'estoit Sireine,
Mais voyant ce vieux Messager
Qui és-tu? d'où viens-tu Berger?
(Dict-elle) & quel subiect t'ameine?

A ces accents si gracieux,
Le Berger releue les yeux,
Et voyant la belle estrangere
Si pitoyable à sa douleur,
D'vn souspir qui luy part du cœur
Respond ainsi à la Bergere.

Ainsi les dieux te soient amis,
Ainsi tes desplaisirs sousmis
Aux bon=heurs que ton cœur desire,
Puisse=tu iouyr pour tousiours
De tes bien=heureuses amours
Sans onc en auoir du martyre.

Comme tu as compassion
De la plus belle affection,
Et où plus tout honneur abonde
Que iamais amour ayt produict,
Et que celle qui la destruit
Est la plus ingratte du monde.

Et puis en fin que s'en est faict
Et que chacun dés=ia le sçait
De le taire c'est chose vaine,
Sçache donc que Diane vn iour
Qu' Hymen n'auoit vaincu l'amour
M'enuoya visiter Sireine.

Ses yeux pleins d'amoureux flambe
Ressembloient à lors des ruisseaux,
Sa voix qui n'estoit que louange
De Cupidon & de ses traicts,
N'estoit sinon voix de regrets,
Et Hymen causoit tout ce change.

Sa pitié tellement m'esmeust,
Que quand commandé elle m'eust
De courre d'vn à l'autre pole,
Ie n'eusse osé la refuser
Tant elle auoit sçeu m'abuser
Auec sa flatteuse parole.

Ie trouuay Sireine, mais non
Du Berger n'y auoit sinon
Du visage, l'idole vaine
Et le reste estoit enchanté,
En elle qui rien d'arresté
N'eust onc que le cœur de Sireine.

Ce Berger oyant mon discours
Cogneut bien ses foibles amours,
Et moy qui eusse creu moins stables
Les plus grands rochers de Leon
Luy en ostois l'opinion,
Par serments trop peu veritables.

Mais comme nous voyons souuent
Nos Bergers cognoistre deuant
La cheute d'vn prochain orage,
Par les apparences de l'air,
Sireine aussi m'oyant parler
Préuit bien ceste humeur volage.

Il preuit bien.que de son cœur,
Quelque nouuel amant vaincœur
Rauissoit son ame infidele,
Toutefois pour auoir au moins
Les mesmes meurtriers, pour tesmoings
De sa mort , il s'en vient vers elle.

Il resoult à vn retour,
Encor qu'il n'espere d'amour
Que la mort seule pour salaire,
Et veut bien puis qu'amour le veut
Souler de sa mort s'il le peut,
Elle qui semble de s'y plaire.

Voila donc ce pauure pasteur
Desdaignant toute la faueur,
Que de ce grand pasteur son maistre
Il auoit onc pû meriter,
Qui vient (helas) luy presenter
Ce cœur qui le sien souloit estre.

Mais Dieux ! quelle reception !
Mais Dieux ! quelle confusion !
Quel desespoir sera le nostre
Helas ! Sireine, tu verras
Que celle que tu adoras
Ingrattement en ayme vn autre.

Desolé Berger ie te pleins,
Ie vous pleins desastrez desseins,
Desirs conçeus en apparence
Pleins de raison, mais en effects,
Pauures desirs plus imparfaicts
Que n'est vne folle esperance.

Ne puissent-ils iamais venir,
Ou qu'ils perde tout souuenir,
Ou venu que soudain il meure,
Car qui languissant ne peut pas
A la fin fuir le trespas,
Doit-il pas mourir de bonne heure?

Ce pendant qu'il alloit parlant
Les larmes tomboient emperlant
Sa barbe à long plis ondoyante,
Seluage de pitié s'esmeut
Pour le ressouuenir qu'elle eut
Qu'amour de mesme la tourmente.

Belle luy dict le Messager,
Si iamais amour pûst loger
En ce cœur où semble auoir place,
La pitié de Sireine helas!
Au moins pour le dernier soulas
(Bergere) fay luy ceste grace.

Voicy (dict-il) en luy monstrant
La lettre qu'en sa poche il prend
Vne responce de Sireine,
Belle ie te requiers par toy
Ou si tu aymes par ta foy
La donner à ceste inhumaine.

Berger (dict-elle) ie te pleins,
Ie pleins Sireine & ses desseins,
Ie pleins Diane & sa fortune,
Et ie ressens si viuement
De tous les trois l'aspre tourment,
Que la peine m'en est commune.

I'estime ta compassion,
I'ayme de luy l'affection,
D'elle ie loüe la sagesse,
Mais pour rappeller vostre bien
(Berger) personne n'y peut rien,
Ny luy-mesme ny sa maistresse.

A fin que tu ne penses pas
Que ie veüille plaindre mes pas
Pour y raporter du remede,
Ie prends ceste lettre & feray
Pour luy tout ce que ie pourray,
Mais son mal du deüoir procede.

Le deuoir (belle) n'a pouuoir
(Dict le Berger pour l'esmouuoir)
Où le vray amour prend sa place
L'amour (respond=elle) est au cœur,
Mais s'il n'y est auec l'honneur
La honte incontinant le chasse.

(Berger) ie n'ay passé mes iours
Sans esprouuer de ses amours
La pointure la plus amere,
Mais s'il me fust lors arriué
Ce que Diane a esprouué,
Autant i'en eusse voulu faire.

Sa mere le veut, il le faut
Aussi est=ce trop de deffaut
Son vouloir en cela ne suture :
Mais, dict=il, tromper ses amours,
Viure aussi sans honneur tousiours !
Il vaut mieux, dict=elle, ne viure.

Mais à Sireine auec ce tort
(Dict=il) elle donne la mort :
La mort (dict=elle) est peu de chose
A vne personne de cœur
Au prix de la mort de l'honneur,
Car l'honneur à tout se prepose.

Mais, respond-il, faute commet
Qui ne tient pas ce qu'il promet,
La foy doit estre inuiolable,
Onc (dict=elle) elle ne promit,
Quand à aymer elle se mit
D'aymer plus qu'il fust raisonnable.

Ainsi son amour fleschissant
A l'honneur dont il va naissant
Le Vœu d'amour elle n'offence
Car il n'eust iamais obtenu
Le cœur à son traict si cogneu
Si d'honneur il n'eust eu naissance.

Or en fin (Berger) s'en est faict,
Amour hayt vn amour parfaict
Et ne se plaist qu'à l'inconstance,
Mais encor faut=il aduoüer
Que l'amant n'est pas à loüer
Qui vse en amour d'imprudence.

Ie croy que Diane l'aymoit,
Et qu'en son cœur elle estimoit
N'y auoir rien plus incroyable
Que luy faire changer d'humeur,
Mais n'en deuoit=il auoir peur,
Puis qu'en amour tout est faisable.

Comment peut=il estre excusé
De n'en auoir tres=mal vsé,
Veu la longueur d'vn si long terme,
Puis qu'est=ce qu'vne fille peut
Contre ce que sa mere veut?
Luy=mesme eust-il esté plus ferme?

Ah! Berger s'il eust bien appris
Qu'elles sont les loix de Cypris,
Il eust cogneu que de l'absence
Naist l'oubly comme son effect
En l'aage mesme plus parfaict
Et pourquoy non point en l'enfance.

Ne prends=tu garde que nostre œil,
Ne voit qu'autant que le soleil
Luy esclaire de sa lumiere?
Le cœur aussi le plus souuent
Ayme autant comme il a deuant
L'objet de la personne chere.

O Berger dy luy de ma part,
Qu'autrefois ç'a esté hazard,
Ou bien particuliere grace
Si absent elle l'a aymé,
Amour n'a pas accoustumé
Qu'en fin l'absence ne l'efface.

Qui est loing des yeux l'est du cœur,
L'exil est d'amour le vaincœur,
Et ceste science ast si seure
Pour sa liberté rapeller,
Que qui s'en sçait bien en aller
Sçait bien oublier en peu d'heure.

Mais ! vous parents, qui auez faict
En si bel amour imparfaict
Par vos iniustes tyrannies,
A iamais puissiez-vous sentir
Les longs remords d'vn repentir
D'auoir ces ames des-vnies.

A ce mot, elle s'en alla
Et laissa le Messager là,
Tant outré d'ennuy & de peine
Qu'il n'eut le courage assez fort,
Pour soustenir le triste abort
Qu'il préuoyoit de son Sireine.

Ainsi donc sans tourner à luy
Le cœur gros d'vn extréme ennuy.
Il va retrouuer sa cabane,
Regrettant le mal du Berger,
Maudissant amour trop leger,
Et sur tout hayssant Diane.

Heureux qui vit maistre de soy
Qui est à soy=mesme sa loy
Et qui (disoit-il) ne s'engage
Pour l'amour le Tyran des cœurs
Aux seruices ny aux rigueurs,
Mais passe en liberté son aage.

Ce pendant Sireine tout seul
Pressé de son extréme deul,
Descendoit les hautes montagnes
Et les rochers du grand Leon,
N'ayant que son affection
Et son regret qui l'accompagne.

Amour la fortune & le temps
Trop inuincibles combatans,
Le traictoient d'vne telle sorte,
Que du moindre mal qu'il souffroit
En tel estat il n'esperoit
Sinon, qu'vn desespoir l'emporte.

Dés=ja l'infortuné Berger
Ne craignoit le futur danger
Dont l'auoit menacé l'absence,
Et dés=ja plus il ne pensoit
Aux craintes que l'oubly conçoit,
Tout son mal estoit en presence.

Ainsi le vouloit son destin,
Il voyoit accomplir en fin
Tous les soupçons de ses disgraces,
A son dam, si mal aduenus,
Helas ! qu'il n'y auoit rien plus
Dont il pûst craindre les menaces.

Doncques le Berger arriuant
Où le doux EZla va lauant
L'herbage qui ses bords tapisse
En mille replis gracieux
Tous ces obiets delicieux
Luy furent subjetts de supplices.

D'autant qu'il firent reuenir,
Aussi tost à son souuenir,
Le temps heureux qu'en ceste place
Autrefois il auoit passé,
Temps dont l'heur estoit effacé
Dessoubs l'obscur de sa disgrace.

Lors vn à vn tous ses plaisirs,
Lors vn à vn tous ses desirs,
Et ses affections mal=veües,
Comme vn camp armé de soldats
Vindrent à luy de toutes parts
Comme s'ils faisoient leurs reueües.

Et si bien l'atteint ce penser
Qu'il ne pust plus outrepasser,
Mais s'assit au pied d'vne haye
Dont vn tertre se herissoit,
Au bas la fontaine passoit
Où premier il reçeut sa playe.

Alors l'infortuné pasteur
Assailly de trop de douleur
N'eust point assez de fortes armes,
Pour, surmontant ses desplaisirs,
Donner la loy à ses souspirs,
Ny rompre le cours de ses larmes.

Doncques tournant contre les cieux,
Des ruisseaux de pleurs, non des yeux,
Des sanglots, & non la parole,
Il descouure par tel accent
Le mal que tant plus il ressent,
Que moins tout espoir le console.

Ennemie de mon repos!
O ma memoire à quel propos
Faut=il qu'encores tu publies
Tant de contentements passez,
Puis qu'helas? estant effacez
Il vaut mieux que tu les oublies.

Helas ! ne seroit=il meilleur
Me faire oublier le mal'heur
Qui present tousiours se rangrege,
Que de me faire souuenir
D'vn temps qui ne peut reuenir,
Et que la memoire n'alege ?

En fin memoire que dis=tu ?
Que dedans ce pré reuestu
De ces fleurs riches d'esmailleure,
Pour la premiere fois ie vy
Diane helas ! par qui ie vy
Et par qui ie meurs à ceste heure.

Quoy ? qu'en ce pré ie fus blessé,
Que la mesme ie commençay
De ressentir ce que mon ame
Onc n'achevera de pleurer,
Que là ie l'ouys souspirer,
Mais helas ! de souspirs de femme.

Qu'à ceste fontaine souuent,
Luy estant à genoux deuant
Et luy baignant la main de larmes,
Que ie seichois d'vn long baiser,
Elle versa pour m'appaiser
Des pleurs, dois=ie dire des charmes

Des charmes doncques en ses yeux
Et des serments malicieux
En sa bouche prenoient naissance,
Lors que trompeuse elle iuroit,
Qu'à iamais mienne elle seroit,
Amour tu m'en dois la vengeance.

Si pendant ton facheux seiour
(Dict=elle) quelque ardeur d'amour,
Ou bien, si en toute ma vie
Quelque oubly s'approche de moy,
Fasse amour pour venger ma foy
Que de moy=mesme ie m'oublie.

Ie iure que iamais parents
Contre moy deuenus tyrants,
Ny mere plus qu'ourse cruelle
Ne pourront mon amour changer,
Toutes choses courent danger
Du changement, mais non point elle.

Vy donc contant, & soys certain
Que non pas mesme le destin
Ne peut sur ce que ie t'asseure,
Fasse le ciel ce qu'il voudra
Iamais autre ne deuiendra
L'affection que ie te iure.

Helas ! fons=celà des serments,
Dont les infideles amants
(Dict=il) lors d'vne voix plus haute
Doiuent demeurer impunis,
S'il est ainsi les Dieux vnis
Sont les complices de leur faute.

Sont=ce serments qu'on d'eust penser
Que le temps pouuoit effacer ?
Ou que l'oubly pûst faire entrée
Au cœur dont ils estoient sortis ?
Où les creust=elle trop petits
Pour ne se croire pariurée ?

Vn iour assise vis à vis
De ceste riue ie la vis,
Lors enuers moy tant engagée,
Que pour moy seul elle viuoit,
Et là sur le sable escriuoit
Du doigt : Morte auant que changée.

Mais voyez ce que l'amour faict,
Mon cœur à pû croire en effect
Pour vne chose veritable
Sans que ma raison l'en desdist,
Ce qu'à lors vne femme dict
Et qui fust escrit sur le sable.

I'eus ceste bague de sa main
Lors que ie me mis en chemin,
Comme pour vn gage fidele
Qu'aux efforts de l'esloignement
Plus ferme que le diamant,
La foy s'esprouueroit en elle.

Et n'a-elle pas ressenty
Que son cœur en deux s'est party,
Puis que sans coup la pierre dure
Le mesme iour se mit en deux,
Qu'esteignant à mon dam ses feux
Elle rompit sa foy parjure?

Ces mots qui faisoient de ses yeux
Sortir tant de pleurs ennuyeux,
Si viuement le retoucherent
Qu'auec les pleurs, qui comme flots
Noyoient son sein, mille sanglots
La voix en fin luy reboucherent.

Et lors recourant au mouchoir,
La lettre en terre il laissa choir
Que, Siluan luy auoit donnée,
Apres quelque temps s'estre teu,
Toy lettre aussi, dict-il, viens-tu
Redoubler ma peine ordonnée?

Puisse mourir qui te lira,
Mais helas ! eh, qui laissera
Pour mille trespas de te lire?
Long=temps ie m'en suis deffendu,
Mais en fin me voicy rendu
Voyons (mes yeux) nostre martyre.

Il dict, & la descachettant
Combien mon cœur vas=ie achettant,
(S'escriat=il) de si doux charmes !
Et combien amour aussi tost
Me feras=tu de chasque mot
Payer de centaines de larmes !

A ces mots à peine accomplis
Du pappier il ouvre les plis,
Mais soudain qu'l'œil il y gette
Du doubte incertain & tremblant,
Il voit que d'vn encre sanglant
Toute ceste lettre estoit faicte.

Le Berger n'estoit point deçeu,
Car soudain que Diane eust sçeu
Qu'il ne luy estoit plus possible
D'esloigner par ruses le iour,
Qu'elle devoit à son amour
Faire vne playe si sensible.

Toute seule se va cacher
Au creux d'vn sauuage rocher
Pleurant sa dure destinée,
Et detestant le iour maudit
Que pour elle, à sa mere on dict
Qu'vne fille luy estoit née.

Vous Dieux qui pouuez tout çà bas
(Dict-elle) auancez mon trespas,
Et puis que par vostre ordonnance
Vous n'auez voulu pour mon deüil
Que mon berceau fust mon cercueil,
Faictes que ce soit mon enfance.

Puis qu'il ne vous pleust pas! ô Dieux!
Qu'außi tost que i'ouuris les yeux
Ie pusse finir ma iournée,
Faictes au moins qu'auant le iour
Qu'il faut que meure mon amour,
Ma mort par vous soit ordonnée.

Elle dict, & d'vn œil ardant,
Tout l'autre elle va regardant
Et toy cauerne, luy dict-elle,
Qui nous a si souuent couuerts
Sireine & moy, combien diuers
Est ce temps de saison si belle?

Soys tesmoing que dedans ses lieux,
Ie reclamay cent fois les Dieux
Pour haster ma mort desirée,
Quand ie sçeus que le iour venoit
Où le sort cruel ordonnoit
Que ie me visse pariurée.

A ce mot les yeux ondoyants,
Aux pleurs qui les alloient noyant,
Ne pouuant d'auantage dire
Le mal qui venoit l'outrager,
A fin d'autant se descharger
Elle se resoult de l'escrire.

Mais ne trouuant à son secours,
Ancre ny plume à son secours
Au sang qui bouilloit dans ses veines,
Que d'vne esplingue elle entr'ouurit,
Et puis du gros bout escriuit
Vne partie de ses peines.

Ce sang (Sireine) ie l'ay pris
De la mesme main dont i'escris,
Aussi est-il bien raisonnable
Que ie punisse ceste main,
Qui perfide me doit demain
Rendre auec elle si coulpable.

Ce pendant il t'assurera,
Quand quelqu'vn te racontera
Ceste desplorable iournée,
Que si ma vie au papier blanc
I'eusse pû mettre auec mon sang,
Ie ne l'eusse pas espargnée.

Mais c'est le ciel cruel qui veut
Faire voir a mon dam, qu'il peut
Donner vne peine plus grande
Aux mortels, que la mort n'est pas,
Qui est desnier le trespas
Lors que plus on le luy demande.

Mais quoy qu'il fasse contre moy,
Il ne peut alterer ma foy
Ny m'empescher que ie ne t'ayme,
Diane Sireine aymera
Tant que Diane elle sera,
Sireine en ferat=il de mesme ?

Lors que Sireine eut leu ces mots,
Mes yeux (dict-il) à quel propos
Lisons=nous de ceste infidele
Les serments qui ne sont iurez
Qu'à dessein d'estre pariurez,
Soudain qu'ils sont conceus en elle?

Les plaintes ny les tristes pleurs
Qui naissoient des aspres mal'heurs
De ce Berger, n'eussent eu cesse,
Si deux Nymphes venant passer
Prés de luy, n'eussent son penser
Diuerty du mal qui le presse.

Leurs cheueux voloient vagabonts
Esmeus du vent à petits bons,
Et tels que jadis Harpalice
Les laissoit espanchez au vent,
Lors que les cheuaux bien souuent
Elle domptoit pour exercice.

Comme soubs l'obscur de la nuict,
La lune en ses rayons reluit
Au trauers de quelques nuages,
Des Nymphes luysoient amoureux
Au trauers de leurs longs cheueux
Les rayons de leurs beaux visages.

Vn lien de perle empouloit
Leur sein qui ieune poumeloit,
Et ses perles orientales
N'estoient pour enrichir leur sein,
Mais pour faire voir à dessein
Leur blancheurs ne leurs estre esgales.

Leurs robes blanches iusqu'en bas
Oſtoient la veuë de leur pas,
Bien qu'entre=ouuertes ſoubs la hanche
Quelquefois ſi le vent pouſſoit
Le brodequin leur paroiſſoit,
Qui monſtroit la jambe plus blanche.

L'arc & la fleche dans la main
Soubs l'eſpaule le carquois plein,
Mais quoy ? chacune d'elles porte,
D'autres traicts bien plus açerez
Dans les yeux, qui eſtant tirez,
Ont bien vne pointe plus forte.

Or ces Nymphes venoient d'vn pas
Qui ſembloit preſque d'eſtre las
Se rafraiſchir à la fontaine,
Fontaine deſtiné ſeiour
Des ſacrez myſteres d'amour,
Mais plus des ſecrets de Sireine.

Le ſoleil quoy que tout d'ardeur
N'auoit pû vaincre la froideur
De ſon criſtal ny de l'ombrage,
Si bien que ces Nymphes ſoudain
Y plongeant l'vne & l'autre main
S'en rafraiſchirent le viſage.

Alors Doride s'essuyant
Et l'œil curieux tournoyant,
Voicy (dit elle) la riuiere
Où Polidore auoit gagé,
Quand de nous elle prit congé
Qu'elle arriueroit la premiere.

C'est icy (dit Cynthie) à lors
Ne recognoissez-vous les bords
D'Ezla qui en peupliers abonde,
Voicy la fontaine qui prend
Son nom des Alisiers, & rend
A ces prés si douce son onde.

De ce costé souloit loger
Iadis Sireine le berger,
(Berger) qui Phœnix en constance
Aymant vn Phœnix en beauté,
Fut payé de legereté
D'amour indigne recompence.

A quoy Doride respondit,
Ne croyez point ce qu'on en dict
I'en sçay des nouuelles certaines,
Ie croy Sireine estre constant,
Mais Diane l'est bien autant
Et souffre plus que luy de peines.

Ie reco-

Ie recognois ores ce lieu
Par haʒard allant dire Adieu,
Auecque deux de nos compagnes,
A la ſœur du paſteur Carlin
A qui ſont donneʒ par deſtin
Tous les gras trouppeaux des Eſpagnes.

Ie vins icy pour ſous le frais
De ces Aliʒiers plus eſpais,
Paſſer la chaleur plus ardante,
Mais lors que ie voulois partir
Ie vis du vilage ſortir
Diane, toute meſcontante.

A ſa façon chacun iugeoit
Que quelque choſe l'affligeoit,
Elle alloit, & ſeule, & penſiue,
Toutefois Seluage de loing
La ſuiuoit, monſtrant d'auoir ſoing
D'alentir ſa douleur trop viue.

Auſſi toſt qu'elle fut icy
Hauſſant vers le ciel le ſourcy,
Elle dict de voix douloureuſe,
Si ce qu'on nomme en moy beauté
M'a mis en ceſte extrémité,
Rend moy moins belle, & plus heureuſe.

G

Ou bien puis qu'il falloit en fin
Par l'ordonnance du destin
Que seulement ie fusse aymée,
Pour aymant mourir de douleur,
Pourquoy (Sireine) mon mal'heur
Me rend=il de ta mort blasmée?

Ie sçay qu'on m'en donra le tort,
D'autant que pour glaiue si fort
Amy, trop foible est ta constance,
Et si ie te suruis d'vn iour
Qu'on nommera deffaut d'amour
Cest excez de ma patience.

A ces mots la voix luy faillit,
Le beau visage luy pastit,
Les yeux pleins de diuers orages,
En l'estomach mille souspirs,
Dans l'ame mille desplaisirs
Furent du cœur les tesmoignages.

En ce temps Seluage arriuant,
Et en tel estat la treuuant
Les pleurs furent communs entr' elles,
Elle auoit senti quelquefois
Quel est amour, & quelles loix
Il ordonne à ses plus fidelles.

Tout ce qui a commencement
Finit, si ce n'est le tourment
(Dict=elle) dont ce mal te blesse,
Par ce respond Diane à lors
Que tousiours de noueaux efforts
Vont renouuellant ma tristesse.

Premierement i'ay plaint l'exil,
Ores helas ! helas ! faut=il,
Faut=il, qu'à la fin ie le die,
Mais pourquoy, le tairois=ie helas !
Puis que le dire, ce n'est pas
La cause de ma maladie ?

Ores helas ! il faut pleurer
Et ne faut les pleurs mesurer,
Mais le pleurer est inutile
Si ce n'est qu'en goutte de pleurs,
Mon sang pour plaindre mes douleurs
En larmes en fin se distile.

Il faut pleurer, ores helas !
Non point vn, mais mille trespas,
Mille trespas ? ains la mort mesme
Est trop peu pour dire vn tel mal
Qui n'a que soy=mesme d'esgal,
Tant il est en soy=mesme extréme.

Helas! en fin il faut quitter
Tout ce qui me peut contenter
Tout ce que i'ayme & que i'adore,
Pour ce que ie ne puis aymer,
Mort as=tu rien de plus amer
Et quel mal reste=il encore?

Doncques l'amour veut consentir,
De mon cœur ne pouuant partir
Qu'auec moy ie le rende esclaue,
Mais flechy dessoubs le deuoir,
Pourrat=il sans honte, se voir
Despoüillé d'vn vaincœur qui braue?

Sireine que deuiendras=tu
Voyant mon cœur estre abbatu,
Soubs la force & soubs l'artifice
De mes desnaturez parents?
Qui m'offrent comme des Tyrans
A Delio pour sacrifice.

I'auray moins de mal à mourir
Qu'à si grand outrage souffrir,
Mais quoy? ie tremble toute en l'ame,
Foible esprit contre vn fort mal'heur,
Tu merite bien la douleur
Dont tu n'oses fuyr le blasme.

A ce mot comme on voit le feu
Dedans la lampe peu à peu
Finir, sa mesche estant finie,
Ceste belle s'alloit mourant
Et de ses pleurs le seul torrent
Estoit encor signe de vie.

Ce que Doride racontoit
Le triste Berger l'escoutoit,
Et eust paracheué encore
Le discours de ce qui suiuit,
Mais au bout des prez, elle vit
La belle Nymphe Polidore.

Ainsi leur compagne aruuant,
Toutes deux luy vont au deuant,
Et la meinent à la fontaine
Se reposer à la fraischeur,
Mes sœurs (dict=elle) ma longueur
Procede du Berger Sireine.

Et nous dirent=elles aussi,
Nous treuuant oyseuses icy
Alions parlant de sa fortune
Doneques (dict=elle) toutes trois
Nous auons eu pour ceste fois
Si belle rencontre commune.

Et paſſant dedans ſes taillis
Qu'EZla moüillant de ſes replis
Faict croiſtre en deſpit de la roche,
l'entr'ouys quelqu'vn diſcourant,
Lors curieuſe deſirant
Sçauoir qui c'eſt ie m'en approche.

Ie vis vne Bergere helas!
Triſte plus qu'on ne croiroit pas
Couchée de ſon long en terre,
Tenant la teſte ſur la main,
Et ſes reins du coude au terrain
S'appuyoient au dos d'vne pierre.

Deux ruiſſeaux de ſes yeux ſortoient,
Et les ſanglots qui tourmentoient
Le triſte ſein de ceſte belle,
Reſſembloient à ces flots chenus
Qui entre les rochs retenus,
Iuſqu'au ciel ſautent en parcelle.

Lors qu'en cet eſtat ie la vis,
Cheres ſœurs, il me fut aduis
De voir au prés de Galathée,
Acis qui en eau ſe changeoit
Sous la roche qui l'outrageoit,
Quand Polipheme l'euſt iettée.

Lors penſiue elle ſe taiſoit,
Et ſa compagne luy liſoit
Vn papier duquel l'eſcriture
Luy faiſoit ietter ſes regrets,
Par haʒard ie fus aſſeʒ prés
Pour en ouyr telle lecture.

Diane en fin par voſtre oubly
Mon ſoupçon ſe treuue accomply,
Et ce Sireine qu'on vit eſtre
Pour vous ſi remply de bon=heur,
Pour vous n'aura plus que douleur,
Pour monſtrer qu'amour eſt vn traiſtre.

Et vous vouleʒ pour rendre eſgal
Au bien paſſé ce preſent mal
Que par la veuë ie le ſente,
Cruelle vous ſçaueʒ fort bien
Que comme l'œil accroiſt le bien,
Le mal'heur auſſi ſ'en augmente.

Et bien ie m'en vas vous treuuer,
Mais ce n'eſt que pour eſpreuuer
Combien vne femme eſt volage,
Si ſçay=ie bien qu'vn repentir
En fin vous fera reſſentir
Que ma perte eſt voſtre dommage,

Iamais vous n'acquerrez vn cœur,
Onc voſtre œil ne ſera vaincœur
De volonté qui ſoit plus voſtre,
Ie iure tout ce que ie puis
Que ſi tout à vous ie ne ſuis,
Ie ne ſuis mien ny à nul autre.

Iugez par là, ſi vous pouuez
Rompre la foy que vous deuez
Sans en eſtre à iamais blaſmée,
Les Dieux puniſſent rudement
Celle qui deçoit vn amant,
A lors qu'elle en eſt bien aymée.

Ie ſeray donc au prés de vous,
Ma mort ſurmontera vos coups:
Mais i'y ſeray ſans nulle taſche,
Et vous n'y ſerez pas ainſi
Qui peu fidele aurez noircy
Voſtre foy d'vn acte ſi laſche.

La triſte Bergere ne pût
Permettre que plus outre on lût
La lettre qu'eſcriuoit Sireine,
Helas! ma ſœur que ſert cela
(Dict-elle) tout ce qu'il met là,
N'eſt que trop vray, & c'eſt ma peine.

Mais Seluage, c'est sans auoir
Nulle esperance de pouuoir
Qu'en mourant, y donner remede,
Le mal procede bien de may,
Mais le remede que i'y voy
Seulement de ma mort procede.

I'ayme Sireine, & ne faut pas
Que ie die que le trespas
Ne me soit plus aisé de prendre,
Que n'est la resolution
De vaincre ceste passion,
Mais, si me faut-il l'entreprendre.

De ne l'aymer, ie ne le puis,
Aussi en l'estat où ie suis,
De l'aymer, mon honneur i'offence,
Ie fay contre moy en l'aymant
Contre luy faisant autrement,
Mais contre moy, moindre est l'offence.

Doncques pour offencer le moins
(Et m'en soient tous les Dieux tesmoins,
Hors Hymen perte de ma ioye)
Ie iure de l'aymer tousiours,
Mais pour mon honneur mes amours
Si ie puis ie ne veux qu'il voye.

G v

O quel deuint à ces propos
Les rauisseurs de son repos,
Sireine au pied de ceste baye,
Encor faict ce soulagement,
Ne pouuant guerir son tourment
De voir ainsi flatter sa playe.

Quel mal'heur que de des-vnir
La foy qui deuoit retenir
Diane, a Sireine arrestée,
Fasse le ciel pour les venger
Que qui la faict puisse loger
L'aygle que repaist Promethée.

Fin du retour, troisiesme liure de Sireine.

PAR lettres patentes du Roy don-
nées à Paris, & scellées du grãd sceau
en cire jaulne sur simple queuë, signé
par le Roy en son Conseil, ADDFE: Il
est permis à IEAN MICARD, Mar-
chand Libraire à Paris, d'imprimer ou
faire imprimer par tel imprimeur qu'il
choisira bon estre, les œuures tant en
prose qu'en vers, composez par Messire
HONORE' D'VRFE'. Gentil-homme
de la Chambre du Roy, Cappitaine de
cinquante hommes d'armes de ses Ordonnances, Comte de Chasteau-neuf,
Baron de Chasteau-Morand, &c. Sans
qu'aucun les puissent imprimer, sans le
congé & consentement dudict Micard
pendãt le temps & terme de dix ans en-
tiers & accomplis, sur peine de confisca-
tion des exẽplaires, & de deux cẽs escuz
d'amende applicable moytié aux pauures & l'autre moytié audict suppliant,
& de tous despens dõmages & interests,
ainsi comme il est plus amplement con-
tenu és lettres dudict priuilege.

www.ingramcontent.com/pod-product-compliance
Lightning Source LLC
Chambersburg PA
CBHW052359090426
42739CB00011B/2440